日本の祭祀とその心を知る

日本文化事始——黒住真　福田惠子
Kurozumi Makoto　Fukuda Keiko

ぺりかん社

はじめに　本書での方法

日本では従来から、正月に初詣《はつもうで》として神社仏閣へ出向き、各自思い思いに神仏に祈願する人が多い。また、一年を通じて、季節や生活に応じて日本各地で多くの祭りが行われる。あるいは人生にあって、誕生や結婚は祝祭を儀式とし、亡くなったとき葬祭として、お通夜をし、葬儀を行う。入学や入社、卒業や退社にも同様の祭儀がある。人間に対してだけではない。動物や人形のために供養祭を行い、縫い針を供養《くよう》することもある。また土木をはじめ建築工事の際に、地鎮祭《じちんさい》および上棟《じょうとう》式《しき》といわれるお祭りやお祓《はら》いをする。これらは現在にいたるまで受け継がれた慣習や伝統行事である。おそらく今後もまた、こうした祭りの行事に変化はあれども、何ほどか必ず営《いとな》まれるだろう。

時期によって、変化が大きいこともある。近来の派手な結婚式やハロウィンのように、急に宣伝されて広がった祭りもある。オリンピックは、古代ギリシアで行われた競技会をもとに、十九世紀末から始まった祭典で、当初は芸術競技もあった。一九六四年と二〇二一年の東京大会も、祭りとしてみると大きな出来事だろう。その逆に、生活の変化から営む人間が少なくなり、行事としての祭りができなくなる場合もある。実際、二〇二〇年からの新型コロナウィルス流行に見られるように、特別な事由《じゆう》によって祭りが変容・縮小し、中止に向かうこともある。ただし、本書でとらえたいのは、一時的な流行・宣伝ではなく、生活自体に結びついた慣習や伝統行事としての祭りである。その祭りは、人間が生活し物事を営んでいるとき、その大事な基礎に関わることなのではないか。だからこそ、それは行事として在り続けるのだろう。本書は、その営みの基礎、行事としての祭りをこそとらえる。そこには人々が生活において持つ意味や期待さえ含まれているようだ。

日本の諸地域にあって祭りは、季節あるいは人生において、時々また世代を担って、さまざまに繰り返されてきた。その祭り以前からの基本的な様相について、柳田国男『日本の祭』（一九四一年七月よりの東京大学教養部の特別講義録）の把握が参考になる。柳田は、日本の祭りは「必ず木を立てるということ」から始まる、という。それによって穢《けが》れを遮断し、神様の御降りの庭、儀式を行う「御社《みやしろ》」（または「ごしゃ」）となる。さらに「祓い」が行われ、「物忌《ものい》みと精進《しょうじん》」が営まれる。その営みに言葉として「祝詞《のりと》の言葉や教理」まで考えられてくるし、また「凡俗の群」がある、という。

柳田自身はどこに向かうかというと、彼はむしろ言葉以前、すなわち、「祝詞や教理」ではなく「凡俗の群」の方に歩み、各地に残存する個々の民俗的祭りをとらえる。ただ、二十一世紀の私たちがそこにそれぞれ向かうのは簡単ではない。本書では、むしろ「御社」の方面、行事となった重要な祭りを見出しながら、関係する言葉や意味もいくつか辿《たど》ってみよう。

神社・仏閣を見るとわかるが、それは信者の焦点でもある。そこでは関わる人の場所が限られ、そこに敬う物があり、その敷居や建物さえ作られ、行事としてのある祭りが営まれる。そこに柳田が示した穢れ・物忌み・精進などさまざまなものがある。本書では、その行事を全体として祭祀と称しておく。日本では、かかる祭祀がしばしば諸地域で繰り返し行われてきた。そこに、祈願や供養などがあって、とても深い意味が含まれ、だからこそさらに神仏が名をもって位置づき、どんな由緒で当所に祀られたのか記録されてもいる。それはただの騒ぎではない。たとえば、日本の国に急ぎ広がった最初の祭祀ともいえる崇神天皇の営みは「疫病《えきびょう》」への応対である——「此に因りて役《え》の気、悉《ことごと》く息《やみ》、国家安《やす》らかに平《たい》らぎき」（『古事記』）とある（本書第5章に詳しい）。ここには祭祀による物事の浄化、また安らぎがある。

もちろん祭祀はこうした例ばかりだけではない。ただ、そこには人間の営みにおける意味や方向があり、それが心の願いともなって懐《いだ》かれていたに違いない。こうした意義・期待を思ったからこそ、その営みに心また神仏が籠《こ》もり、人びとがそれに手を合わせ敬いもしたのだろう。本書では、祭祀に関連する事実や言葉をとらえながら、人びとがかつてそこで何をどのように営み、考えてきたのかに思いを馳せたい。この作業によって、各自心が豊かになるなら、またよき将来に向かうことになるのではとも期待する。

＊　　＊

本書は、歴史を遡《さかのぼ》りながら祭祀に関わる基本的なテーマをいくつか選び出す。その内容や含まれた意味に見られる人びとの思いや社会背景などを辿る。それらは営みがあってそこで人は生き続け、それがまた文章や建物や図形となって残っている。その重要な有様をいくつか見てゆく。

祭祀やその記録は、文化とよばれる時代的な営みのなかで大きな働きをしている。日本文化は、古代・中世からの歴史をもちながら、近世（江戸期）に大体の形ができている。それが、近代（明治以後）から現代二十一世紀のわたしたちにもつながっている。本書は、その大体の形を前後の歴史にも時に触れながらとらえる。

本書は、全体として十一章からなる。まず、日本における祭祀が成り立った世界観やその基礎を知る（第1〜4章）。また、そこに含まれた人生や関係の内実をいくつかとらえる（第5〜8章）。また明治維新以後の近代になると、そこからいくつかの問題がはっきり生まれる。それを知りながら、今後どうあったらいいのか、現代的な課題も考えたい（第9〜11章）。また第3・6章では、各章のはじめに、近代日本を代表する作家である夏目漱石の小説『こころ』にふれ、説明を試みた。

各章ごとに、討論テーマとキーワードを数例挙げた。討論テーマは、教養科目などのテキストとして使用する際の手掛かりとしたい。討論討論は本文に入る前のウォーミング・アップや、また本文を一読したうえで行えば、より理解を深めるきっかけにもなるだろう。もちろん、討論テーマはほか

テーマはほかにもあるだろう。参加者に応じて、さらに調整していただければ幸いである。キーワードは、授業の際に中心テーマとして扱い、本文はその後の復習として各自で読むといった流れもよいだろう。

巻末に、年表を付し、各章の参考文献、引用した原文など、その出典等も列挙した。各自さらにインターネットだけでなく、実際に図書館などで手にして借りたり見たりしてほしい。

日本の祭祀とその心を知る——日本文化事始＊目次

第1章　カミさらに神とは

カミに「神」という漢字を当てたのは、いつのことだったのだろうか。六世紀以後、中国大陸・朝鮮半島から仏教が伝来した当初、「神」は祭祀《さいし》対象全般を指していたらしい。たとえば、ホトケも神のように祭るものだったのである。しかし、古来「カミ」には祭祀対象以外の対象も含まれていた。ここでは、具体的な祭祀対象物（モノ）となるカミに「神」の表記を用い、祭祀以外・以前を含む広い意味での対象に「カミ」の表記を用いる。

私たちは「カミ」という言葉から、何を思い浮べるのだろうか。どのような情景に「カミ」を感じるのだろうか。神々《こうごう》しい山々を仰《あお》ぎ見るとき、山頂から太陽が昇ってくる情景を目《ま》の当たりにしたとき、そんな時にはおのずと手を合わせる人びとも多い。また想像を絶する選手の活躍を見て「カミってる」という造語が生まれたりもする。これは「カミ」を感じての言動なのか。大災害に直面し、「カミも仏もない」などと言うが、これは、私たちの心の中にはカミという何かが存在し、そのカミがいないと言っているのであり、心にはカミという何かが存在し期待しているのだろう。その望ましい「カミ」は、私たちを窮地《きゅうち》に陥《おとしい》れはしない、むしろ慈悲《じひ》深く守ってくれさえする

捨てられた古道具が付喪神になった場面（『付喪神記』国立国会図書館デジタルコレクション）

存在なのだろう。

また、よく御神体《ごしんたい》という言葉を耳にするが、いったい御神体とは何だろうか。「富士山は八合目以上が御神体」とか「ここは島全体が御神体」とか、「一定の年限をもって社殿を作り替える式年遷宮《しきねんせんぐう》に御神体をお移しする」などという。どうも対象となる御神体はさまざまであるようだ。神体とは、「神霊が宿るものとして祭ってあるもの」（『新明解国語辞典』第七版、三省堂）、「神霊を象徴する神聖な物体。礼拝の対象となるもので、古来、鏡・剣・玉・鉾《ほこ》・影像などを用いた」（『広辞苑』第七版、岩波書店）とある。宿る・祭る・移る神だが、そこにある「カミ」自体は見えないのだろうか。

さらに、依代《よりしろ》という言葉もある。こちらは、「神霊が出現するときの媒体《ばいたい》となるもの。神霊の寄りつくもの。正月の年神の依代として門松などのような特定の枝葉や花・樹木・岩石など」（『精選版日本国語大辞典』小学館）とある。神霊は、御神体には常時留まっているようだが、依代には招き寄せられた後またどこかに戻っていくようである。

神霊というのは、カミの霊であるが、霊というのは何だろうか。室町時代から江戸時代初期に成立した絵巻物（『御伽草子《おとぎぞうし》』）に、「付喪《つくも》神《がみ》」という物語がある。付喪神というのは、百年経《た》って精霊が宿り人をたぶらかす器物のことであるが、この霊は意識というような意味で使われており、また付喪神は、現代でいえばカミというよりは妖怪に近い（図参照）。しかし、当時はこれもカミという認識だったのだろう。では、カミとは何なのか、先行研究からその定義を（一節）、次にカミの歴史的変遷《へんせん》を辿《たど》り（二節）、さらにカミの特質から生じる事象についてもふれてみる（三・四節）。

一　カミの定義

カミには祭祀されるものと祭祀されないものがあったとすると、神とカミの意味はある程度は重なっている。国学者であった本居宣長《もとおりのりなが》（一七三〇〜一八〇一）は、『古事記』の注釈書にこう述べている（『古事記伝』三之巻・神代一之巻）。

さて凡て迦微《かみ》とは、古御典等《いにしえのみふみども》に見えたる天地の諸《もろもろ》の神たちを始めて、其《そ》を祀《まつ》れる社に坐《いま》す御《み》霊《たま》をも申し、又人はさらにも云はず、鳥獣《とりけだもの》木草のたぐひ海山など、其の余《ほか》何にまれ、尋常《よのつね》ならずすぐれたる徳《こと》のありて、可畏《かしこ》き物を迦微とは云なり、

抑《そもそも》迦微は如此く種々にて、貴きもあり賤しきもあり、強きもあり弱きもあり、善きもあり

悪きもありて、心も行もそのさまざまに随ひて、とりどりにしあれば、大かた一むきに定めては論《あげつろ》ひがたき物になむありける。

国文学者でもあり民俗学者でもあった折口信夫《おりくちしのぶ》（一八八七～一九五三）は、その著書『古代研究』（「霊魂の話」）に次のように書いている（傍線は原文）。

たまの分化――神ともの と 日本人のたまに対する考え方には歴史的の変化がある。日本の「神」は、昔の言葉で表せば、たまと称するべきものであつた。それが、いつか「神」という言葉で翻訳せられて来た。……たまは抽象的なもので、時あつて姿を現すものと考へたのが、古い信仰の様である。其が神となり、更に其下にものと称するものが考へられるやうにもなつた。即《すなわち》、たまに善悪の二方面があると考へられるやうになつて、人間から見ての、善い部分が「神」となり、邪悪な方面が「もの」として考へられる様になつたのであるが、猶《なお》、習慣としては、たまという語も残つたのである。

産み出し形づくるものとしての「たま」があり、そこから「神」「もの」が威力や善悪を帯びて位置づきはじめている。

倫理学者であった和辻哲郎《わつじてつろう》（一八八九～一九六〇）は、その著書『日本倫理思想史』において記紀

（『古事記』と『日本書紀』）の神々を分析し、神とは、①「祀《まつ》る神」、②「祀るとともに祀られる神」、③山の神や河海《かかい》の諸神などの「祀られるのみの神」、④「祀りを要求する祟《たた》りの神」の四種類に分けることができるとしている。

記紀において①「祀る神」は、天皇であり、神々を祀ることを務めとする現世に現れた神である。②「祀るとともに祀られる神」は、記紀の神代史における主要な神々であり、一定の神社において祀られる神であるにもかかわらず、不定の神に対する媒介者、つまり神命の通路を持っており、最も尊貴性があるとしている。皇祖神である天照大御神《あまてらすおおみかみ》は伊勢神宮において祀られる神であるとともに、高天原《たかまのはら》において神を祀っている「祀るとともに祀られる神」である。そして、③「祀られるのみの神」、④「祀りを要求する祟りの神」の神々の本質が祭祀そのものにあるのに対し、「祀るとともに祀られる神」の本質が祭祀をつかさどることにあるとしている。

さて、カミは祭祀され神となったが、祭祀されないカミはどのようになったのだろうか。文化人類学者の小松和彦は、妖怪をも「古代人は、これを、「もの」と呼び、その出現の徴候《ちょうこう》を「もののけ」と呼んでいた」、そして「人々は「妖怪」を「神」に変換するために祭祀を行う。また、人々の祭祀が不足すると、「神」は「妖怪」に変貌《へんぼう》することになる。「神」とは人々によって祀られた「超自然的存在」であり、「妖怪」とは人々によって祀られていない「超自然的存在」なのである」とする（『魔と妖怪』）。よく祭祀されなければ、変貌することになる。

また、政変の中で悲運のうちに生命を落とした人びとが怨霊《おんりょう》となって疫病《えきびょう》や災害をもたらすと信じられていたことから、彼らの「たま」（霊魂）を御霊《みたま》として慰める御霊会《ごりょうえ》が催されるようになる。つまり、「もの」であれ、「たま」であれ、神になるには人びとに尊崇《そんすう》され祭祀されなければならない。藤原時平《ふじわらのときひら》によって九州大宰府へ左遷《させん》されて現地で没し、四十年にわたって御霊であった菅原道真《すがわらのみちざね》は「社《やしろ》を作って祀れ」との託宣《たくせん》を下し、五年後京都の北野に「天神《てんじん》」として祀られるようになるのである（現在の北野天満宮）。

神道史家であった西田長男《にしだながお》（一九〇九～一九八二）は、「神道」について次のように述べている。

神道は、簡単にいってしまうと、祭りということで、この祭り以外のなにものでもないといいえられるのでないかと思う。しかして祭りには、禊《みそぎ》・祓《はらへ》ということがその前段行事として必須不可欠で、この禊・祓をしなければ祭りを執り行うことが出来ないのである。つまり、神道というものは、禊・祓と祭りとの二つの行事があって、これらの合一するところに、その意味が存在すると考えてよいのであるまいか。（「贖罪《しょくざい》の文学」）

この禊・祓をあわせて祀りというなら、祭りは祀りが意味を帯びて行事となって展開している（第2章参照）。その展開を辿るためにも、カミが神となっての「現れ方」を次に見ておこう。

二　歴史的背景によるカミの変遷

カミを歴史的に辿ると、カミの意味が変遷していることがわかる。中国においても、神道という語が「自然の理法」という意味から、次第にほかの宗教に取り入れられつつ、一般的に天地の神々やその祭祀なども意味するようになった。日本という島国においても、歴史的背景や外からの影響によって神道の意味が変わっていった。日本において神道がどのような意味で使われてきたかを通して「カミ」の意味の変遷を辿ってみよう。

歴史学者でもあり思想史家でもあった津田左右吉《つだそうきち》（一八七三～一九六一）は、その著書『日本の神道』において「日本で神道といはれているもの」の「ことばの有《も》つている意義」を七つとらえる。

一　古くから伝えられてきた日本の民族的風習としての宗教（呪術を含めていう）信仰
二　神の権威、力、はたらき、しわざ、神としての地位、神であること、もしくは神そのもの、などをさしていう場合。神代の説話
三　（一、二に）何らかの思想的解釈を加えたその思想。神学・教説
四　（三の神学・教説をもちながら）いずれかの神社を中心に特異性をもって対世間的に組み立て宣伝されているもの

五　日本の神の教え・定め、日本に特殊な政治もしくは道徳の規範というような意義に用いられたもの
六　宗派神道
七　（付言）神道に国家的権威の表徴たる意義を付与しようとする主張の特異性をもった施設
（第一章「神道の語の種々の意義」。「七」は原文ではなく、便宜的に付した数字）

一、二は日本の古文献にみえるところであり、三は両部神道《りょうぶしんとう》、唯一神道《ゆいいつしんとう》（吉田神道《よしだしんとう》）、垂加神道《すいかしんとう》のたぐいをさす。四は伊勢神道《いせしんとう》や山王神道《さんのうしんとう》などが相当し、五はいわゆる国学や水戸学《みとがく》など。六は幕末に起こり、明治期に教派として公認された神道系教団の総称である神道十三派であり、七は靖国神社《やすくにじんじゃ》やいわゆる国家神道である。

では、神道の意味から読み取れるカミの意味は、どのように変遷していったのだろうか。一～四を通して、カミの変遷を見てみよう。

まず、一の神道のカミは、雷鳴《らいめい》、稲妻《いなづま》、竜巻《たつまき》などの自然現象、熊、鷲《わし》などの動物や巨木、岩などの自然物、また、それら自体をカミと認識していた段階から、霊異を引き起こす抽象的・根源的存在としてのカミを想定し、磐座《いわくら》（自然の巨岩）や樹木を依代として祀られた神だろう。奈良県の大神《おおみわ》神社《じんじゃ》には磐座群があり、山そのものが「お山」として祀られている。また、聖なる樹木が神の社とみなされ、その信仰が神聖なる木柱にカミが宿るという信仰を生み、縄文時代の遺跡から木柱列《もくちゅうれつ》

の遺跡も見つかっている。では、二に向かう過程としてどのようなことが考えられるだろうか。
カミ祀りと前方後円墳《ぜんぽうこうえんぷん》の祭祀との形式上の類似性から考えると、弥生時代後期には死者をカミとして祀っていたのではないかと推定され、その結果、カミのイメージが人の姿となっていったのではないか。水野正好《みずのまさよし》の説によると、前方後円墳は、王権ないし地域の王（首長）としての地位を継承するための儀式が行われた場所であり、まず夜間に後円墳の墳頂に設けられた竪穴《たてあな》に、死亡した前の王（首長）を葬るとともに、その墳丘の上で王権継承の儀式を行い、夜明けのころ、前方部に進んで、その下に並ぶ役人の前で新しい王（首長）になったことを宣言する儀式を行ったのではないかとしている。前方後円墳は、三世紀後半から七世紀前半にかけて北九州や畿内地方から各地に広がった日本独特の形である。天皇家の場合も同じく、代々の天皇が死後も古墳に留まり、天皇霊となって国家と天皇を守護し続けるとされ、天武・持統朝の七世紀末にはは当代にいたる神の系譜が作られる。

神の定住化も進み、求心性も高められるが、仏教の影響のもと、さらに超越的また根源的な存在に対する思弁の深化と体系化が求められ、平安時代後期から三と四の神道が構築されていく。神の概念はどのように現れ出たか、時間の流れとともに見ることができる。「両部神道」は、伊勢神宮の祭神や社殿を密教によって説明し、伊勢神宮の内宮《ないくう》、外宮《げくう》を密教の胎蔵界《たいぞうかい》、金剛界《こんごうかい》に配当している。胎蔵界とは密教の教主である大日如来《だいにちにょらい》を慈悲または真理の方面から、金剛界とは大日如来を智《ち》慧《え》の方面から説いたものである。そして、次の「伊勢神道」は、両部神道書を参考に「胎蔵界と金剛界の両部は二つでありながら一体である」という密教の思想を内外両宮に配当し、両宮の対等を主張するのである。

これはカミの位置と文章（テキスト）の展開でもある。古代において、神と同等の存在まで上昇し、さらに列島の神々を包摂する天皇は、他界の根源神の権威に支えられてみずからの地位を保持し、そこに日本固有の神の信仰と仏教信仰が習合されていく。カミが仏と出会い、あるカミは仏法に帰依《きえ》し、みずからの救済を人間に頼る一方で、菩薩《ぼさつ》の名で呼ばれるカミも現われる。さらに、十世紀頃には本体である仏菩薩が衆生《しゅじょう》を救うために、仮に神の姿となって現われたものだとする神仏同体説である本地垂迹説《ほんじすいじゃくせつ》が成立し、諸々の神に本地（本来の姿）の仏が特定されていき、神が仏を通して再認識されていく（仏の跡を後世に伝える＝垂迹）。たとえば、天照大御神の本地が観音菩薩《かんのんぼさつ》とされる理由は、『法華経《ほけきょう》』の六朝・隋・唐の注釈において日天子《にってんし》が観音菩薩、月天子《がってんし》が勢至《せいし》菩薩と解釈されたことによる。『日本書紀』第一の一書には天照大御神は天を照らす日の神に、月読尊《つくよみのみこと》は天に上り月の神となったとあるところから、『法華経』の解釈を通して、天照大御神は観音と結びつき、月読尊は勢至と結びつき、菩薩として一体化するのである（第4章参照）。

両部神道や伊勢神道のような仏教系神道流派が神として伊勢神宮の祭神を指していた一方で、神の概念を人間と関連させてとらえる神道が立ち上がってくる。

根源的存在の追求から、仏性が普遍的、絶対的であり、真理が森羅万象《しんらばんしょう》に分有されていることが見出されると、神が人間に内在していると考えるようになる。室町後期に創唱された吉田神道においても、神は心といい、神が人間に内在していると考え、国土の根源神を認めつつも抽象化された神の概念の下、独自の教義などを展開する。吉田神道は、吉田兼倶《よしだかねとも》（一四三五～一五一一）が一族のつかさどっていた神祇《じんぎ》祭祀の伝統に加え、神儒仏道諸教を取り入れて作った非仏教系神道として近世神道界の権威を保つにいたる。

吉田神道を継承し、儒教的な考えが付加された吉川神道《よしかわしんとう》は、人に清浄心があればそこに神がいるとし、神としての霊魂は天に帰ると考える。また、吉田神道や伊勢神道に影響を受けた垂加神道は、それらを集大成しながら山崎闇斎《やまざきあんさい》（一六一八～一六八二）によって唱えられた神道説である。「神」を「理」の概念と結びつけ、「神＝理」と考え、人が祈禱《きとう》し、正直であれば、神が来臨し人を加護すると考える。この理とは、世界を統一し秩序づけているものである。このあたりの言葉や形にもまた具体的に触れて考えてみる（第３～５章参照）。

三　出来事から見える文化の揺れ

前節で「カミ概念の変遷」を辿ったが、キリスト教が日本に入ってきたとき、日本人はカミをどのように理解していたのだろうか。イエズス会のフランシスコ・ザビエルが日本へ渡った一五四九年は、室町時代末期、一五六八年の織田信長入京の一九年前である。ザビエルは当初、キリスト教に改宗したヤジロウという日本人の意見を取り入れ、創造・主宰《しゅさい》の人格神的唯一神デウスに「大日《だいにち》如来《にょらい》」という言葉を当てていた。しかし、大日如来は宇宙の根源ではあったが、万物の中に内在する。これに対してキリスト教のデウスは、創造主であり、さらに唯一神である。そこで間違いとして、この語は取りやめになる。デウスに対して用いられた言葉としては、「天道」もあったようである。戦国期から十七世紀初めの天道には、儒・道教の考えを取り入れつつ天道の応報観念をも取り込んだ吉田神道の神の考え方が入っていたと考えられる。だが、神がすべての存在と現象に内在するという天道の考え方も、デウスと相容《あいい》れず取りやめになる。結局、キリスト教のデウスは訳語を当てず、そのまま原語を使うことになる。すなわち、宣教師の考える「創造主」「主宰の人格神的唯一神」の唯一神がすべての存在と現象の外に置かれているのに対し、日本の神概念は、神がすべての存在と現象に内在している。それはキリスト教の神とは異なるものと、とくにキリシタン（キリスト教徒）の側では考えていた。

ただし、近代日本では一般に、デウス、Godに「神」という語を用いることにもなった。また、維新直後では、中村正直《なかむらまさなお》訳『西国立志編《さいこくりっしへん》』（一八七一年）に「天は自ら助くるものを助く」、福沢諭吉《ふくざわゆきち》著『学問のすゝめ』（一九七二年）に「天は人の上に人を造らず人の下に人を造らず」とある。この「天」は福沢諭吉（一八三五〜一九〇一）や中村正直（一八三二〜一八九一）らによってCreatorやGodの訳語にあてられたものだという。つまり、神ではなく天が、自己を信じ、自己の能力で人生を拓《ひら》こうとする人に味方するというのである。中村や福沢らが生きた時代は、まだ国家神道よりも大小さまざまな多くの神々の方が信じられており、Godにはその神より天の訳語がふさわしいと認識していたのだろうか（本書第5章参照）。

ともかく、このGod、デウスは何なのか、神、カミは何なのかは、日本文化の伝統を理解するために大事なテーマになっている。たしかに、日本の神々は異常に卓越した勢いのあるものであるが、多神教の神である。唯一神教（ユダヤ教・キリスト教・イスラム教）の神は超越者であるとともに、人格神であり、唯一無二の全知全能の創造主である。どちらにしても、元来人間は、畏敬の心をもって崇《あが》めていたのだろう。ところが、卓越した勢いも超越も神のものではなくなり、人間が畏敬の心を失ったとしたら、多くの危険や争いが発生するかもしれない。そうならないためにも、第2章で祭りの姿をさらにみてみよう。

四　日本の神の特性から生じる現象

人　神

日本のカミの特性としてカミのなかには「人」も「もの」も含まれている。そして、祀られ、神になる（人神《ひとがみ》）。非業《ひごう》の死を遂げた人物の御霊を神として祀り上げる御霊信仰《ごりょうしんこう》によらず、人を神として祀る風習が吉田神道によって広がると、豊臣秀吉、徳川家康などの政治的指導者は、政治的正当性の根拠を示すために死後みずからが神となった。豊臣秀吉は、死の翌年「神号《しんごう》」（神としての身分を表す名称）豊国大明神と正一位を与えられ、豊国神社に祀られるが、豊国大明神《とよくにだいみょうじん》は吉田神道に依拠している。徳川家康は、死の翌年神号・東照大権現《とうしょうだいごんげん》と正一位を与えられ、日光東照宮に祀られるが、東照大権現は天台宗系の山王一実神道《さんのういちじつしんとう》に依拠している。神号にはさまざまな称号があるが、「明神」は古くは名神で霊験著《れいげんいちじる》しい神を言い、「権現」は仏が仮に姿を現した神を言う。幕藩体制後、権力者がみずから神になることが諸大名にも広がっていき、江戸時代後半になると神になる人びとの階層が下降し、「生《い》き神《がみ》」も出現する。近代以前の多くの人神は、怨霊のほか家門や職業の祖とされる人の神格化が多かったが、近代以後になると国家に功績のあった人を祭神《さいじん》とする神社が多く創建される。靖国神社は幕末および明治維新後の国事に殉じた人びとの霊を英霊として祀っている。

ただ、神の解釈として、もともと神は心に来臨《らいりん》し人間に内在すると解釈する神道がある一方で、人間の処女に宿った神の御子が人として出生し、多くの苦しみを背負ったあげく死にいたり、その後、蘇《よみがえ》り神となったという処女受胎説《しょじょじゅたいせつ》から解釈するものもある。後者の場合、人間が神になったのではなく、もともと神であったということだろう。いずれにせよ、カミは人神なども含め超越的存在、つまり本居宣長のいうように「異常に卓越した勢いのある」存在としての出現ということが共通する。威力が実感されていると言える。

名前が同じような神社が多いわけ

さて、なぜ日本にはこんなに多くの神社があり、「八幡《はちまん》」「稲荷《いなり》」など、同じような神社名があるのだろう。宗教法人神社本庁（神社神道系宗教法人の九割以上を包括）の調査（一九九〇～九五年）によると、全神社数約七万九千三百社のうち、信仰による上位四社は、①八幡信仰の神社（約七千八百社）、②伊勢信仰の神社（約四千四百社）、③天神信仰の神社（約四千社）、④稲荷信仰の神社（約三千社）である。これは、神の分霊《ぶんれい》、勧請《かんじょう》、鎮座《ちんざ》という性格がなせる業である。分霊が可能なのは、神が無限に分裂するからである。勧請というのは、もともと仏を眼前に招来し説法を請う意の仏教用語であったが、神霊を移しまつることにも使われるようになった。霊威のある神霊は、時代の要請とともに勧請され、その勢力範囲を広げていく。八幡信仰は朝廷を守護する神として、仏教においても大菩薩と称される。さらに、源頼朝は祖先が氏神として勧請した八幡神を崇め、鶴岡八幡宮《つるがおかはちまんぐう》に参詣を怠《おこた》らなかった。その後、幕府を開いた足利家、徳川家も源氏であり、八幡神は武士の守護神として確固たる地位を維持し続けた結果、八幡信仰は日本全国に浸透《しんとう》していった。

【討論テーマ例】

1　あなたがこれまで行ったことのある神社はどこですか？　なぜ行ったのですか？
2　初詣に行きますか、行きませんか？　なぜ行くのですか、なぜ行かないのですか？
3　あなたはカミの存在を信じますか、信じませんか？　なぜ信じますか、なぜ信じませんか？
4　あなたは祟《たた》りを信じますか？

5　神道から何をイメージしますか?

【キーワード】

カミ・神（御神体・依代）、デウス、神道、神社

第2章　祭りと祀る

「マツリ」には、たいてい漢字（名詞／体言）として「祭り」を当てるが、「祀《まつ》り」は当てない。しかし、「マツル」の漢字（動詞／用言）としては、「祭る」も「祀る」も当てる。つまり、「祭」はより事柄を示す体言、「祀」はより行為を示す用言となっている。これは、「祭る」は「儀式を執り行い、神霊を慰めたり祈願したりする」という人びとの営み自体であり、「祀る」は何かを「神としてあがめ、一定の場所に安置する」という神への向かい方、働き方をとらえるからなのだろう（『明鏡国語辞典』第二版、大修館書店）。

働きである「マツル」の語源は「神の来訪を待つ」ことであり、神に服従する意味の「まつろう」ともいわれるが、「マツル」とは、来訪する神をもてなし敬い、神と交流することである。「祀る」でも「祭る」でも神霊を崇《あが》め奉《たてまつ》るが、「祀り」は神を尊ぶ働きであり、「祭り」は神との好ましい儀式という意味合いが強いのだろう。だから「在㆑天称㆑祀、在㆑地為㆑祭」（天に在て祀と称し、地に在て祭を為す）といわれる（『井上光貞著作集』第六巻、一二三四頁）。祀りは天の何かへの働き、祭りはその人間の土地の上での働きである。

祭りは、実際の行事ともなる。その時期が近くなると、街には紙垂《しで》がたなびき、祭りが近いことを人びとに感じさせる。祭りでは、神霊が神輿《みこし》や山車《だし》などに移され、その神の守る地域を巡行する。この祭りによって神の力が人にもたらされ、そのことが人びとの願いを叶《かな》え、幸福をもたらすのだろう。

西欧の祭りは、どんな営みだろうか。祭りの訳語として使用されるフェスティバル（festival）は儀式と祝祭からなるが、祭りと同様に祝祭が強調されている。ただ、フェスティバルの具体的事例として、誕生日、葬式、大晦日《おおみそか》の饗宴《きょうえん》、カーニバルなどが挙げられている。そこに聖的な関わりがあり、それがさまざまに演じられて広がるが、主役はあくまでも人である。

一方、日本の祭りは、人が行っているにしても、主役は人ではなく、神をはじめとする祭祀《さいし》対象（モノ）であり、その祭りは元来たいてい神事であった。この点に注目すると、西欧から広がってくる祝祭と日本の社寺で行っている祭祀とは、神の位置づけが本質的に異なる。しかし、神事であるという祭りの本義が忘れられると、「文化祭」「夏祭り」、また盆フェスティバルのような言葉や出来事が氾濫《はんらん》してしまう。このような祝祭に興じるのも、悪いとはいえない。ただ、「八百万《やおよろず》の神々」が存在する場所では、神事である祭りの本義に立ち戻り、その祭りの由緒来歴《ゆいしょらいれき》を知ったうえで祭りに参加すれば、そのありがたさが増すというものだろう。以下、歴史をより遡《さかのぼ》ってさまざまな祭祀を（一・二節）、さらに祭りがどのように進むのかを見てみよう（三節）。そして、最後に日本三大祭りの由緒来歴にふれる（四節）。

一　祭祀を遡る

祭祀の遺跡

まず、事物や記録をいくつか辿《たど》ってみよう。祭祀遺跡の代表例に、福岡県の宗像《むなかた》大社沖津宮《おきつ》の沖ノ島祭祀遺跡がある。この遺跡の発掘調査の結果から古代の祭祀形態や変遷《へんせん》を窺《うかが》い知ることができる。沖ノ島祭祀は四世紀後半頃成立し、十世紀初頭まで続いており、祭祀形態が左記のように四段階で変遷していたことがわかる。

①岩上《がんじょう》祭祀→②岩陰《いわかげ》祭祀→③半岩陰半露天《ろてん》祭祀→④露天祭祀

①岩上祭祀は磐座《いわくら》群の中でも最も標高が高い岩上で行われており、神霊が宿る磐座として巨石を中央に据え、周囲に方形で石を巡《めぐ》らせている。神への奉献品《ほうけんひん》・祭器として、当時貴重であった銅鏡や鉄製武器・工具類などが多量に出土しているが、これは、四世紀後半の大和周辺の古墳副葬品と共通しており、大和の勢力により沖ノ島祭祀が行われるようになったのではないかと推定されている。また、神への奉献品・祭器が古墳副葬品と共通しているということは、古墳に埋葬されている権力者が死後、神になるという認識があったのではないかと推測できる。

五世紀後半から六世紀代の②岩陰祭祀になると、祭祀の場が巨岩上から岩陰へと移動するとともに磐座群のほぼ全域に広がる。この段階から、朝鮮半島との関係が推定できる馬具類や武器・武具が出土しており、人格的な神のイメージが形成されていったのだろう。さらに、七世紀に入ると③半岩陰半露天祭祀へと変化するが、遺跡の特徴として金銅製の雛形《ひながた》類が挙げられる。紡織《ぼうしょく》具はなかでも、七世紀の沖ノ島祭祀を特徴づけるものであり、八世紀の④露天祭祀へと続いていく。①から④に向けて、より天が祭祀する「もの」として敬われていった流れが見えてくる。カミはより「神」になったのだろう。

④露天祭祀は磐座群から離れた場で祭祀が行われ、金銅製の雛形類のほか多量の土器、陶器類が出土している。陶器類には畿内から持ち込まれたものもあり、国家の祭祀であったことが読みとれる。

神への祭祀

日本の民族的風習としての祭りは、神信仰の形であり、樹木や石や山などに人間の営みを示す儀礼を関わらせ、その神霊の降誕《こうたん》をめぐって行われた。その施設は設けられても、祭りが終われば撤去され、固定した神社は元来なかった。ただ、何度も祭りが行われる地域は、やがて神聖な場所となり、仏教寺院の影響もあってか、神社が建築されるのである。仏教寺院には仏像が安置されていることから、神の神社への定住化、さらにその神と、神話に登場する神とを結びつけて祭る風習が生まれたのだろう。沖ノ島の半岩陰半露天祭祀の遺跡には伊勢神宮の神宝類と共通するものがあるというが、これも神話に登場する女神の神格が六世紀から七世紀にかけて生まれつつあったということだろう。

季節とも関係する祭りは、しばしば農耕の順調な進行を祈りまた感謝する儀礼であり、村落の共同行事であった。その生産・収穫の安穏《あんのん》、あるいは亡くなったものへの供養《くよう》を願う祭祀・儀礼が大和以外の地域においても行われている。中央政権は、大和周辺の神々のほかに沖ノ島のような王権にとって重要視される神々だけに関与し、それ以外の地域については直接関与せず、在地首長が奉祭神を祀っていたのだろう（小倉慈司他『天皇の歴史９　天皇と宗教』第一部）。この広い意味での祭祀は、やがていくつか公の行事に次第に組み込まれていく。鳥居やお墓も各地で建てられ、また神社・寺院となっていく。とはいえ、最初からそうであったわけではない。

仏教との関わり

八世紀の神には、特定の神の身を免《まぬか》れるために、人間に救いを求める存在として描かれるものもある。救いを求められた人間は神のために神前読経を行い、神は経典《きょうてん》を聞くことによって苦悩から解放され、祟《たた》らなくなる。この際、神は仏教において六道（地獄・餓鬼《がき》・畜生・修羅《しゅら》・人・天）の天に位置づけられており、成仏を目指しているのであって、仏法を聞くことによって和《なご》み、豊穣をもたらす存在へと変わるのである。

国分寺制度へと発展する契機となった天武・持統朝の護国文書として重視された経典は、『金光《こんこう》明教《みょうきょう》』と『仁王教《にんのうきょう》』である。『金光明教』は四天王（持国天・増長天・広目天・多聞天）による護国の活動を説き、『仁王教』は日本国土の神々を祀るものである。つまり、仏教儀礼は、神々に経典を読み聞かせ、神々を喜ばせるという仏教による神祇《じんぎ》祭祀なのであり、官僧は仏を祀りつつ神々を祀る祭祀者であった。奈良から平安へと時代が移っても、仏教による神々への祭祀は続く。最澄《さいちょう》（伝《でん》教《きょう》大師、七六七〜八二二）は、山に籠《こ》もって修行し内面的清浄を得た僧が祭祀を行えば、神々はよりいっそう力を発揮するものとしている。

二　律令制での祭祀

当時なりの、国の全体に言葉をともなった規則・制度が飛鳥時代（五九二〜七一〇）の後半から形成され、また広がり、八世紀には法典があって、制度としては律令制《りつりょうせい》と呼ばれる。また養老《ようろう》律令（七五七年公布）は記録がよく残っている。この背後には中国からの伝播《でんぱ》があるが、養老律令に見える日本の律令制の特徴は、営む人として（職員令）、太政官（大臣・大納言・少納言・各省寮などを統括）や諸々が位置づけられるが、それに先立って別に神祇《じんぎ》官《かん》が設けられ、さらに陰陽寮《おんようりょう》・雅《が》楽寮《がくりょう》などがあったこと、また「神祇令」「僧尼令《そうにりょう》」が設けられたことである。しかし、天皇自体についてここには記録されていない。

ただし、祭祀の制度的な結集が天皇・都（奈良）に向けて行われ、伊勢神宮は皇祖神としての天《あま》照大御神《てらすおおみかみ》が住まう宮《みや》として、神の姿や行事をめぐる重要な祭りを行った。天皇自身が伊勢で祭祀を行ったわけではないが、朝廷から幣帛《みてぐら》といわれる神への贈与が奉られ、また天皇の代ごとに斎宮《さいくう》（いつきのみや）において斎王《さいおう》と呼ばれる皇女が派遣されて天照に斎《いつ》き、清らかに奉仕することとなった（西宮秀紀『伊勢神宮と斎宮』）。次に養老律令のうち、「神祇令」を見てみる（『日本思想大系 律令』）。

「神祇令」の祭り

「神祇令」は、「凡そ天神地祇《てんじんちぎ》は、神祇官、皆、常の典に依りて祭れ」と始まり、以下に年間一九の祭りをあげている。その神祇官による祭りを陰暦月順に示す（同名の祭りには同種の傍線を付す）。

二月　祈年祭（としごいのまつり）
三月　鎮花祭(1)（はなしずめのまつり）
四月　神衣祭(2)（かんみそのまつり）・大忌祭(3)（おおいみのまつり）・三枝祭(4)（さいぐさのまつり）・風神祭(5)（かざかみのまつり）
六月　月次祭（つきなみのまつり）・鎮火祭(6)（ひしずめのまつり）・道饗祭(7)（みちあえのまつり）
七月　大忌祭・風神祭
九月　神衣祭・神嘗祭（かんなめのまつり）

十一月　相嘗祭[8]（あいなめのまつり）・鎮魂祭[9]（たましずめのまつり）・新嘗祭（大嘗祭）
十二月　月次祭・鎮火祭・道饗祭

＊（1）鎮花祭…疫病の退散祈願。大神《おおみわ》神社と狭井《さい》神社で行う。／（2）神衣祭…朝廷から伊勢の皇大神宮に冬夏の神衣を奉る。／（3）大忌祭…広瀬神社の祭祀。／（4）三枝祭…率川《いさがわ》神社の祭祀。／（5）風神祭…竜田神社の祭祀。／（6）鎮火祭…火災防止祈願。／（7）道饗祭…鬼類の侵入を防ぐ。／（8）相嘗祭…新嘗祭の前に座の神に新穀を奉献する。／（9）鎮魂祭…天皇・皇后・皇太子などの魂を鎮め、長寿を祈る。

月次祭、鎮火祭、道饗祭は六月と十二月に、大忌祭、風神祭は四月と七月に、神衣祭は四月と九月に行われるため、一三種の祭りが行われるわけであるが、このうち祈年祭、月次祭、新嘗祭は大がかりな班幣祭祀《はんぺいさいし》で、諸国から上京してきた在地の神職である祝部《はふりべ》に、各種の布や武具などの神々への奉りものである「幣帛」を授受した。

次に、重要な天皇の即位・践祚《せんそ》（受け継ぎ）・大中小の祀（関係祭祀の分類）・行事の斎《いつき》（さい。期間）を述べる。さらに、祭祀内容と物の行き来、社（場所）・大祓（はらいきよめ）・税（田租など）が続く。

そのうち大祀（大嘗祭）、中祀（祈年祭・月次祭・神嘗祭・新嘗祭）を見てみよう。

大嘗祭《だいじょうさい》（おおなめのまつり）は、天皇が即位後、はじめて行う新嘗祭《にいなめさい》であり、その年の新穀を献じてみずから天照大御神、天の神と地の神といったすべての神々を祀る、一代一度の大祭である。ただ、内実としての新嘗祭は伊勢神宮はもとより、各地で行われる毎年秋の収穫の祭りでもあった。

しかし、この大嘗祭に関係する祭りは、それぞれ天皇に委託されるものでもあった。古代において天皇の身体の不調は神の祟《たた》りが原因であると考えられており、諸国の神祇が天皇に祟らないよう神社祭祀を厳修させるために神職制度が改められ、地方の国司の祭祀権を強化している。それは、天皇が他氏族の祀る神社の神を直接祭ることが避けられており、在地の奉祀《ほうし》氏族を介して神社祭祀が行われていたからである。ということは、通常の季節とともに行われる秋の大嘗祭（新嘗祭）に似る祭祀は、自然暦とともに、伊勢のほかに当時の日本域、大和以外にも展開していた。それはたとえば沖縄にも見えるといわれる。その場合、それぞれの形は同じではなく、どこでも鳥居があって伊勢に似た祭祀が行われるわけではないだろう（谷川健一『隠された物部王国「日本」』）。

その広がった前提を意識したうえで大嘗祭をみると、それはまさに「凡そ天皇即位したまはむときは、惣《す》べて天神地祇を祭れ」から始まる。天皇即位の当年ないし翌年の秋・十一月に、新穀を献上すべき国郡にある「悠紀《ゆき》・主基《すき》」の斎田から稲・粟を収穫して行われる大規模な新嘗祭で、七世紀後半の天武朝または持統朝で開始された、という（『国史大辞典』吉川弘文館、岡田精司執筆項目）。

祈年祭は、六七五年に創始され、七〇二年に全国に拡大した豊穣祈願祭というべきもので、毎年陰暦二月四日に神祇官および諸国の役所で五穀の豊穣、天皇の安寧、国家の安寧を祈ったものである。祈年祭の幣帛に預かる神社を官社というが、延暦十七年（七九八）に官社は官幣社《かんぺいしゃ》（神祇官が管轄）と国幣社《こくへいしゃ》（国司が管轄）に分けられる。各々大社と小社があり、官幣大社一九八社、官幣小社三七五社、国幣大社一五五社、国幣小社二一三三社が幣帛に預かった。幣帛とは、神道の祭祀において神に奉献する営みだが、その幣帛において、動物犠牲は行われない。この点は、日本律令下の神社の特徴である。

月次祭と新嘗祭は、令制による祭祀が整備されるなかで設置され、幣帛に預かる対象は官幣大社の三〇四座（座は祭神を数える）である。月次祭は毎年陰暦六月・十二月の十一日に神祇官で行われた祭事で、伊勢神宮をはじめ三〇四座の祭神に幣帛を奉り、天皇および国家の安寧を祈ったものである。新嘗祭は陰暦十一月に行われる国をあげての収穫祭であり、神嘗祭は陰暦九月に当年の新穀を伊勢の天照大御神に奉る伊勢神宮の祭儀である。

さらに、平安時代の中期から、由緒《ゆいしょ》正しい霊験にすぐれた神社として、とくに朝廷に尊ばれた伊勢、石清水《いわしみず》、賀茂《かも》など近畿地方の神社二二社は、国家的な大事に際し、臨時奉幣の対象となった。臨時とは恒例祭祀を除いた祭祀ということになるが、これは天皇の御願によるものであり、天皇祭祀であるという意味合いを込めるために、臨時祭という名称が使われ続けた。明治になると、さらに各神社固有の伝統祭儀である「例大祭」にも、幣帛が配分奉献されるようになる。

公的祭祀において、祈年祭・月次祭・神嘗祭・新嘗祭はいずれも農耕に関わる重要な祭祀であり、五穀豊穣を祈念するのであるが、神を怒らせないように行う祭祀とも言える。つまり、神を怒らせれば、その結果として、天候不順や災害に見舞われ、農作物が被害を受ける。また、国家の中心的存在とも言える天皇が神の祟りを受け、体調が思わしくなければ国は傾き、世上は不安定になる。自然と神は一体化しており、祭祀を怠《おこた》れば、神の怒りに触れ、その報いを受けるのは人間であると認識していればこそ、祭りが重要視されていたのである。

「僧尼令」また庶民の祭祀

律令には、いま見た「神祇令」のほか「僧尼令《そうにりょう》」がある。ここでは、公認された寺院以外での民衆への布教を禁止している。「仏法により物事を明らかにして病を救うなら禁止しないが（依仏法、持咒救疾、不在禁限）」、「ただ占いや呪術の小道では俗っぽく僧尼の段階ではない（僧尼、卜相吉凶、及小道巫術療病、皆還俗）」という。とはいえ、行基《ぎょうき》（六六八～七四九）のように規定を乗り越えて民衆に教えを説いて回った僧もいる。実際に、仏教が広がっていくが、そこには僧尼や仏法以外の働きもあっただろう。すでに公的な祭祀のほかに諸地域では庶民が祭り祀っていた当地の神々も存在しただろうからである。この点は、後に修験道《しゅげんどう》とよばれたり陰陽道《おんみょうどう》といわれたりするもの、民俗学では遊幸《ゆうこう》信仰（神の降臨示現など）・民間信仰とよばれる文化的な伝承があるとも指摘されている（『堀一郎著作集』第四巻）。

行基の死後数十年経ったころ、僧の景戒《きょうかい》が、奈良時代から平安前期の仏教説話を集めた『日本《にほん》霊異記《りょういき》』を著し、仏法・僧侶を敬わない異端の間違いを描き出す。この点はひるがえって、呪術ともいえるようなさまざまな思想が広がっていたことも示す。そこに修験道・陰陽道などの修行や物語が祭祀をともなって展開していたのである。また、これらと天皇家やその祭りとは無関係ではない。遡《さかのぼ》ってみると、東大寺・盧舎那仏《るしゃなぶつ》坐像に深く関わった聖武天皇の妻・光明皇后《こうみょうこうごう》（七〇一～七六〇）は、貧民や医療のための慈善事業を行ない、また宝物をおさめる正倉院の作成にも関わった。この背景には、三輪山伝説があるといわれる。すなわち、崇神天皇の世に、役病《えやみ》（流行病）で人民が亡くなり、これ以上「神の気」（たたり）が起こらないように大物主の神を祭るよう、天神地祇を定め奉ると国家安平になった、という。これは、天皇王権による各地の神社また寺院の整備につながっている。

庶民的な祭祀は、まずは人びとの生活と関係する季節と関わっており、年末から新年にかけて、仕事とも関わる祭祀がある。ただそれだけでなく先の罪を悔い改め、悪魔などを追放するために、礼拝や読経など宗教的儀礼も行われ、その記録がある。そこには、新たな年を迎えることによって時間が更新され、新生がもたらされるという認識が見られる。また、年末から新年にかけては、死霊が生家を訪れ、生者と死者の隔たりが除かれる時間でもあり、死者の生家では魂祭《たままつり》の支度をしていたことが『日本霊異記』に書かれている。

民俗学者・柳田国男《やなぎたくにお》（一八七五～一九六二）は、見過ごされがちな元来の信仰を明らかにしようとした。彼によると、日本人は死後子孫によって葬《ほうむ》られ、追善供養、盆や正月に祀られ、三十三回忌を経ると、山に行って山の神となり、四月八日には里に下って地の神となって、稲作を見守り、秋には収穫を見届けて山に帰るという。お盆やお彼岸などは、仏教行事と決めている人も多いが、日本の民族的風習としての宗教に、仏教が関わってできた儀礼なのかもしれない。

三　祭りの構造

現在見られる一般的な祭りは、どのように進行していくのだろうか。日本各地にはさまざまな祭りがあり、一概に同じ構造を当てはめるわけにはいかないが、神道系の祭りの構造を見てみよう。

宮家《みやけ》準《ひとし》（『民俗宗教と日本社会』）は祭りを「人々が昔からの仕来《しきた》りにのっとって神霊を招いて供物《くもつ》をささげて祈願するとともに、自らそれにコミット（積極的に関わること）して生活を再活性化する営み」ととらえて、その構造を「A斎戒《さいかい》」「B祭儀」「C祝祭」としている。

「A斎戒」とは、「斎」が心の不浄を浄《きよ》める意であり、「戒」が身の過ちを戒める意であり、飲食・動作を慎んで、心身を清めること（『広辞苑』第七版）である。これは、気《ケ》が枯れた状態になった人間が、神霊の充満した聖地に籠もって、斎戒の生活を送ることによって「ケ」を充電し、鎮魂作法をすることによって、神と交歓するために必要な活力を得る段階である。神社本庁（神社神道の宗教法人）が定めた「斎戒に関する規定」には、祭りによって斎戒期間は異なるが、祭祀に奉仕する者は「斎戒中は、潔斎し身体を清め、衣服を改め、居室を別にし、飲食を慎み、思念、言語、動作を正しくし、汚穢《おえ》、不浄に触れてはならない」とある。

「B祭儀」は、浄化し活力を得た人間が神と交歓する祭儀である。神々を招き迎え、神職によって祝詞《のりと》が奏上される。祝詞とは、神を称え、感謝し、祈願する言葉である。神々へ感謝と報恩の気

祭りの構造図（宮家準『民俗宗教と日本社会』より作成）

持ちを伝えるために、神饌《しんせん》が献上される。神饌とは、稲・米・酒・鳥獣・魚介・野菜・塩・水などの神に供える飲食物のことである。神社によっては、神意を知るため吉凶を占う儀式もある。「C祝祭」は、神輿《みこし》と山車《だし》の巡行、競技、芸能といった祝祭である。

「A」が所定の場所に籠もっての不自由な状態にあるのに対して、「C」は解放された自由な場で、狂躁《きょうそう》的なふるまいが許されているが、いずれも日常的なものを否定するという点で共通している。一方、「B」は世俗での地位が拝殿での席次などで示されるなど日常的な秩序が確認される。そして、古代の祭りでは「A」が、中世末から近代にかけての細かい形式を重視した祭りでは「B」が、現代の祭りでは「C」が強調され、乱痴気《らんちき》騒ぎが中心をなしていると宮家は言う。

現代の「祭り」といえば、「C」をイメージするのは一般の目に触れるのが「C」の段階だからということもあろうが、「全体を表す語で一部分を表す」時間におけメトニミーとも考えられる。つまり、「祭り」は「A」「B」「C」全体であるが、「祭り」の一部分の「C」を表す語としても使われるのではないかということである（「メトニミー」の解説はコラム参照）。しかし、「A斎戒」「B祭儀」の部分を忘れ、「C祝祭」に明け暮れてしまえば、本来の意義を忘れ、日本文化の根底を失うことになる。では、「A斎戒」「B祭儀」「C祝祭」の由来などを見てみよう。

「A斎戒」は神前に出るために身と心の穢《けが》れを取り去ることであるが、伊弉諾尊《いざなぎのみこと》が死後、魂が行くという黄泉《よみ》の国からの帰途、川で穢れを祓《はら》った禊《みそぎ》に由来する。寺社には参拝者が口と手を清める手水舎《てみずや》があるが、これも簡単な禊と言える。

「B祭儀」では神と人間の交歓のほか、占いを通して神意を受け取る亀卜《きぼく》などの儀式もある。亀卜とは、亀の甲を焼き、できた裂け目で吉凶を占《うらな》ったものである。おみくじも神意を伺《うかが》うという意味では同じである。

神意を受け取るものには、祭りの際に行われる競技、芸能のなかにもある。祭祀共同体の成員集団（海方と陸方）が綱引き神事をして、海方が勝てば豊漁が予祝されるといったものも占いの一つだろう。競うものとして、「綱引き」や「相撲《すもう》」のほか、海中での玉の取り合いなどもある。また、かつては巫女《みこ》が神託を伝える職を担っていた。俳優《わざおぎ》というのは、神意を招くための歌舞のことで、神楽《かぐら》の源流ともいわれる。天の岩戸に立て籠もった天照大御神の前で俳優を行った天鈿女命《あまのうずめのみこと》は神懸《かみがか》り、神と一体化した。宮崎の高千穂《たかちほ》神楽《かぐら》は、神の依代である鈴と御幣《ごへい》を手に天鈿女命が舞う岩戸神楽の定番である。

「C祝祭」の神輿と山車の巡行は、その神にいわれのあるお旅所《たびしょ》を訪れるため、また、その神の守る地域を見回るために行われるといわれている。しかし、その起源は、都に入ってしまった御霊である疫神《えきじん》を神輿と山車に迎えて、他界との境で御霊会《ごりょうえ》を行い疫神を慰撫《いぶ》し、都の外へ退散させる儀式ともいわれている。疫病《えきびょう》や害虫などは疫神がもたらしたものと考え、その神を送り出そうとしたのである。

日本の祭りにみる日本の神の特性

神輿と山車の巡行は、「神の分霊、勧請《かんじょう》、鎮座《ちんざ》という性格」のなせる業《わざ》であり、神を神輿や山車に勧請し、移動することが可能であるからこそ行えるのである。仏教の行事をみると、「花祭り」など祭りという言葉を使ってはいるが、「仏生会《ぶっしょうえ》」「灌仏会《かんぶつえ》」とも言い、「花祭り」と呼ばれるようになったのは明治末年以後だという。仏教行事は「成道会《じょうどうえ》」「涅槃会《ねはんえ》」など多くが法会であり、そこで神輿と山車の巡行などは行われないが、今日の「花祭り」は多くの地域で稚児《ちご》行列などがあり、神輿と山車の巡行と趣が似ている。この巡行という行為が多くの人びとの目にするところであり、まさに祭りのクライマックスなのではないだろうか。祭りには、神輿や山車の巡行が欠かせないのである。海外では、この神輿と山車の様子をインターネットを通して見て、関心を持つ人も多いという。

四　日本三大祭り（山王祭・天神祭・祇園祭）

山王祭《さんのうまつり》・天神祭《てんじんまつり》・祇園祭《ぎおんまつり》は、「日本三大祭り」といわれている。その祭名を聞いて、一般の日本人は何を思い浮かべるのだろうか。たとえば、祇園祭と言えば、京都の祭りで、山鉾《やまぼこ》巡行の荘厳《そうごん》な山車の風景が思い浮かぶかもしれない。天神祭と言えば、大阪の祭りで、船渡《ふなと》御《ぎょ》などが思い浮かぶかもしれない。しかし、それ以上のことはその地域の住民以外にはほとんど思い浮かばないのではないだろうか。山王祭にいたっては山王が地名なのか祭神なのかすらわからないという人が多いのではないか。

山王祭は、滋賀県大津市の日吉大社《ひよしたいしゃ》の例祭と東京都千代田区の日枝《ひえ》神社の例祭を指す。大津市の日吉大社は全国の日吉《ひえ》神社の総本社である。つまり、「日吉」という漢字は「ひよし」のほかに「ひえ」とも読み、漢字が異なるとはいえ、「日吉」と「日枝」はつながっているのである。日枝神社の例祭は、江戸の二大祭りの一つでもあり、天下祭りともいわれる。太田道灌《おおたどうかん》が江戸城内に武蔵国川越の山王権現を勧請したのに始まるという。全国の日吉神社の総本社である日吉大社を中心に発生した日吉神道は、仏教的神道の一つであり、山王一実神道ともいう。これは、比叡山麓《さんろく》に祀られていた山王権現を天台の教義で理論化したものであり、徳川家康を東照大権現として祀った折に天海（?〜一六四三）が拠った教義である。つまり、山王祭は山王権現から由来した祭名であり、徳川家康と深い関わりがある。江戸時代に将軍が上覧した天下祭の一つであったこともうなずける。

天神祭は、京都の北野天満宮を天暦二年（九四八）に勧請した大阪天満宮で、その二年後に始まった祭りである。北野天満宮は、菅原道真《すがわらのみちざね》の神託によって創建され、菅原道真を学問の神「天神様」として祀っている。菅原道真は、政治的な讒言《ざんげん》により大宰府に左遷され、そこで亡くなった。その後、左遷に加担した人びとが相次いで亡くなったことから御霊として祀られ、雷神や天津神《あまつがみ》が習合した天満大自在天神として信仰されるようになる。その菅原道真の霊を慰めるため、神輿などによる陸渡御、夕刻から行われる船渡御には船団が川を渡り、両岸からは花火が打ち上げられ、舞台船では神楽などが繰り広げられる。水の都、大阪の夏祭りとして有名である。

八坂神社（旧名・祇園社）の祇園祭は、かつて祇園御霊会《ぎおんごりょうえ》と呼ばれた。祇園御霊会は、祇園牛頭天王《ごずてんのう》（神仏習合の神。第4章参照）の祟《たた》りによるとされる疫病が各地で流行《はや》ると、祇園社の神輿を平安京の神泉苑《しんせんえん》に送り、祇園の神を祭り、疫神を封じ込める御霊会を行ったのがはじまりとされる。御霊会の起源は、恨みを残して死んだ人物の霊が災厄《さいやく》などを引き起こす御霊になり、その祟りを鎮めるための儀礼である。御霊と疫神が結びつき、御霊を祭ることは、御霊の一種である疫神を祭ることになるのである。

同じ巡行であっても、天神祭が菅原道真の霊を慰めるためのものであり、それに対し、祇園祭は元々疫神送りであり、巡行の目的が異なる。ただ、菅原道真は御霊として祀られたのであり、また御霊会から祇園祭がはじまったことを考えれば、日本の祭りには御霊信仰が深く関わっていると言える。実際、御霊信仰の展開が広くとらえられている（柴田實編『御霊信仰』、大森惠子『念仏芸能と御霊信仰』など）。時代として律令制の機能が弱まり、密教が浸透している。宮中では安穏と鎮護を祈念する後七日御修法《ごしちにちみしほ》が行われた。こうした宮中の祭祀は、明治維新後もまた変化するのである。

【討論テーマ例】

1　神輿を担いだり、山車を引いたりした経験がありますか？
2　あなたの住んでいる地域にはどんな祭りがありますか？
3　祭りを見るために地方に赴《おもむ》いたことがありますか？
4　あなたにとって、クリスマスとは何ですか？　ただのイベントですか、それとも宗教的行事ですか？
5　ハロウィンは祭りだと思いますか？

【キーワード】

神祇令、フェスティバルvs.祭り、斎戒、禊、御霊信仰

第3章　心と言葉

「わかっちゃいるけどやめられない」――昭和時代の歌謡曲などにもこうした文句が使われている。「わかっちゃいる」のも自分、「やめられない」のも自分であるが、自分のなかでいったい何が起こっているのだろうか。体に悪いことはわかってはいるが、酒におぼれてしまう。馬券で儲《もう》けた奴《やつ》はいないことはわかっているが、馬券を買い続けてしまう。わかっているなら、飲酒も馬券購入もほどほどにすればよいのに、「そうさせない自分」（ほどほどにする）が「そうする自分」（度を越してしまう）に勝てないのである。これを意志が弱いというなら、前者は自分の意志ということになるが、では後者は何だろうか。自分のなかにいくつもの自分がいて、心中で葛藤《かっとう》しているようだ。

夏目漱石に『こころ』という作品がある。登場人物の先生は、「友人のK」のお嬢さんへの思いを知ることによって心が乱れ、お嬢さんをKに奪われまいとする自分に、誠実であるべきだという自分は押し流されてしまう。お互いの利益が衝突してしまう局面においては、こうあるべきといった自分など押しつぶされてしまうのだ。その結果、Kを自殺に追い込んでしまった先生は、自己の行為を生涯忘れることなく、みずからの精神を病んでしまう。時間が経ち、自己の行為を客観的に見つめられるようになったとき、誠実であるべきだという自分は、かつて友人を裏切った自分を許せないのだろう。Ｋの死は、先生にとって反省してやり直すことすらできない決定的な事件であり、先生はＫの自殺以前の先生とは性格も変わってしまったように周囲からは映るのである。

そのようにさまざまに感じ、みずから認識する「こころ」とは何だろうか。本居宣長は、「心」とは「はかなく、しどけなく、おろかなもの」であり、それが表れるのは「恋」においてであると言っている。そして、恋が道徳とぶつかった場合、心の実体は隠しようもないと言っている。この移りやすく定めにくい心の動きには、漱石の『こころ』の登場人物の先生が思い浮かぶ。

心の中にはいろいろな自分がいて、それらがバランスを保っていればよいが、バランスを失い、身勝手な自分が肥大化すると、暴走したり、心の病にかかってしまうのではないか。そこからはマイナスの感情が生じ、自分で自分を許せなくなったり、怒ったり、悲しんだり、不安になったりもするのだろう。本章では心をさまざまな視点から見ていきたい。

一　心と言葉

動物にも心があるのだろうか

人間は言葉を発する。言語の有無は、心に関わっているのだろうか。人間と動物の違いに言語の有無を挙げることがある。「考える」という動詞があるが、この主体は何だろうか。「人が○○について考える」は自然な文だと言えるが、「ネコ／イヌが○○について考える」は自然な文だとは言いがたい。つまり、「考える」ということに言語が関わっているということなのかもしれない。

ネコやイヌといった動物も飼い主を記憶し、おそらく飼い主の声も呼ばれる自分の名前も覚えている。しかし、ネコやイヌが何か悪いことをして飼い主に怒られた場合、これは「やってはいけないこと」として記憶はされるだろうが、「こうすればよかった」などと思っているのだろうか。人間なら、「こうすればよかった」などと無意識のうちに言語化され、心に刻まれるように思う。また、人間は将来に向け計画を立てたり、こうすれば騙《だま》せるなど「オレオレ詐欺」のような悪事を練《ね》ったりもする。時間的流れがある物事を考える場合、どうも言語が必要なようで、言語の有無によって、心の活動も違ってくるようだ。動物にも人間にも心があるとすれば、とくに言葉に関わらしい人間の心の本質とは何だろうか。

言葉の威力

言葉は、感情や思考、さらに行為にまで関わる。人を慰《なぐさ》め、慈《いつく》しむこともある一方、人を傷つけ死に追いやってしまうことさえある。その言葉の発信元はどこかといえば、ほかならぬ心である。次の文章は、『古今和歌集』の仮名序である。

やまとうたは、人のこころをたねとして、よろづのことのはとぞなれりける。世の中にある人、ことわざしげきものなれば、心におもふことを、見るものきくものにつけていひいだせるなり。花になくうぐひす、水にすむかはづのこゑをきけば、いきとしいけるもの、いづれかうたをよまざりける。ちからをもいれずして、あめつちをうごかし、めに見えぬおに神をも、あはれとおもはせ、をとこをむなのなかをもやはらげ、たけきもののふの心をもなぐさむるはうたなり。

〔和歌は、人の心を種（基）としてたくさんの言の葉（歌）となったのである。この世に生きている人は、為《な》すこと、する業が多いので、心の中で思うことを、見たり聞いたりすることに託して言い出した言の葉（歌）も数多くなったのである。花の間で鳴くうぐいすや水中にすむ蛙の鳴声を聞くと、人のみならずこの世の中のあらゆる生き物が歌をよむことがわかる。力も加えないで、天地を振動させたり、目に見えない鬼や神を感動させたり、勇ましい武士の心もなごやかにしたりすることのできるのは歌である。〕

これは、歌の本質論であるが、言の葉（歌）は人の心を種（基）としているのである。そして、人間だけでなく、この世の中のあらゆる生き物が歌をよむといっており、そうすると、あらゆる生き物にも心があるということになる。そして、言の葉は、天地や鬼や神といった超自然的存在をも感動させ、武士の心をも和やかにする効果があると言っている。ここでいう心とは、何かに刺激を受けて感じる「哀《あわ》れ」のように思える。そして、それが言の葉となって、他者に伝わり共感が生じるようである。

しかし、心にはそのような良い情だけではなく、憎しみや嫉妬《しっと》などの負の情も、うごめいている。それが言葉になった際には、どのような現象が生じるのであろうか。言葉は暴力となり、人を傷つける存在ともなる。現代社会においては、LINE（ライン）、TWITTER（ツイッター）、FACEBOOK（フェイスブック）などSNSを使って言葉は容易に広がる。そのことでいいこともあるだろうが、「いじめ」が横行《おうこう》してもいる。総務省の「SNSやプロフでのいじめ」の「気をつけること」には、「相手の気持ちを考える」として、「否定的なメールが頻繁に届くことで、メールの受け手は送り手の想像以上に傷つきます。相手を傷つけるような言葉は使わないなど、相手の気持ちをよく考えましょう」「文字によるコミュニケーションは、対面と比べて感情や真意が伝わりにくいので気をつけましょう」とある。これは、まさに言葉の暴力への警戒を呼びかけるものである。

言葉は、心の表れであり、言葉によって救われることもあるが、言葉によって追いつめられたり、傷つけられることもある。心とは、いったいどのようなものなのか、さまざまな言説をみてみよう。

二　心のとらえ方

仏教の五蘊

「五蘊《ごうん》」とは現象界に存在する五種、すなわち「色《しき》・受《じゅ》・想《そう》・行《ぎょう》・識《しき》」の総称である。「蘊《うん》」は、サンスクリット語のスカンダ（skandha）の訳で、集積・全体を構成する部分の意味である。人間は、この五つの「蘊」によって形成されている。「蘊」それぞれの内実はというと、「色」は物質および肉体、「受」は感受作用、「想」は表象作用（知覚に基づいて意識に現れる外的対象の像）、「行」は意志・記憶など、「識」は認識作用・意識である。この人間は、肉体＝「色」とそれを拠《よ》り所とする精神のはたらき＝「受・想・行・識」とから成るものである。そこにすでに「心」がとらえられているが、この心は「色」である肉体とは区別されている。『般若心経』では、この五蘊を述べながら、菩薩は般若波羅蜜（智慧）に依るがゆえに、心にこだわりがなく、それゆえ、恐怖がない（「心に罣礙《けいげ》無し」「恐怖有ること無し」）という。このすべてを包摂《ほうせつ》するような心について、唯心論（観念論）と見るかどうかなど議論が残る。ただ、現代の科学では、心は脳の所産とする見方が有力だが、ここではそのような見方はない。「色」である脳が、心を生み出すとは考えていないのである。

メタファーで心をとらえる

日本で多く広がっているのは、原理よりも気持ちとつながった個々の理を含む物事である。それはたいてい、理屈よりも類似する比喩《ひゆ》（メタファー）で広がる（「メタファー」の解説はコラム参照）。では、関係する歴史において「心」がどのような比喩によってとらえられているのかいくつか見ていく。

まず、仏教用語の「心水」は、心の性質を水と結びつけている。「照る月の／心の水に／すみぬれば／やがてこの身に／光をぞさす」（藤原教長《ふじわらののりなが》、『千載和歌集《せんざいわかしゅう》』所載）という和歌がある。これは、「心の水が澄んでいればそこに仏という光が射し、悟りの境地に赴く」という意味である。ここでは、照る月が仏、光が悟りのメタファーになっている。心の水が澄んでいるということは、心のどういう状態を言っているのか具体的にはわからないが、清らかに透明で私欲などの穢《けが》れがないということなのだろう。

心はさらに、鏡やその様相にたとえられる。「曇《くも》っている鏡を磨《みが》く」とはどういうことか。仏教もよく知っていた儒教の朱熹《しゅき》（朱子《しゅし》、一一三〇〜一二〇〇）による朱子学では、「理を窮《きわ》めつつ、静かで慎《つつし》み深い心境を心が目指す」ということである。一方、その後に展開した王陽明《おうようめい》（一四七二〜一五二九）による陽明学では、鏡をさらに「良知」としてとらえる。良知とは、生まれながらに備わっている「善を快とし、悪を不快とする能力」のことであるが、後天的に余計な知識や欲望によって曇らされてしまうと、なかなか発揮できない。後天的な考えや欲求に曇らされてしまわない元来の良知を発揮することが「曇っている鏡を磨く」ことなのである。

心と言葉をめぐる学問（漢学の展開）

漢文の資料として学ぶ、とくに優《すぐ》れた人が重んずるテキストに、『書経《しょきょう》』や『易経《えききょう》』がある。『書経』『易経』はともに五経《ごきょう》（儒教で尊重される五種の経典で、一般に易経〈周易〉・書経〈尚書〉・詩経〈毛詩〉・礼《らい》記《き》・春秋左氏伝《しゅんじゅうさしでん》を指す）の一つで、『書経』には次の文章がある。

惟天地万物父母、惟人万物之霊。亶聡明，作元后，元后作民父母（『周書』泰誓上）

〔そもそも天地は万物の父母であり、人は万物の霊長である。その人の中で誠に聡明な者は天子・皇后となり、

天子・皇后は人びとの父母となる。〕

また、『易経』には、「易有太極、是生両儀、両儀生四象、四象生八卦、八卦定吉凶、吉凶生大業」〔易には陰陽未生以前の根源として太極があり、太極から陰陽の両儀を生じ、両儀はさらに分かれて四象を生じ、四象は八卦を生ずる。この八卦の組み合わせにより万事の吉凶が定まり、その定められた吉凶によって大いなる事業も成就される〕とある。これが人間の身心の有様だとして、それをめぐってよく用いられた図式として、次の太極図（図参照）、また太極図説がある（周敦頤〈一〇一七～一〇七三〉によるとされる）。

朱子は、これを天地また人であるとして、そこに理・気や陰・陽をはっきりとらえ、とくに「人」について「其の心最も霊たり。而して〔霊たる〕以《ゆえ》に其の性の全きを失はざる有り、所謂天地の心にして人の極なり也」と人の究極は天地の心だ、という（『太極図説解』）。朱子学・陽明学では、どちらも天と地、理と気を根源として人が存在すると考えるが、心のあり方や理（性）のとらえ方

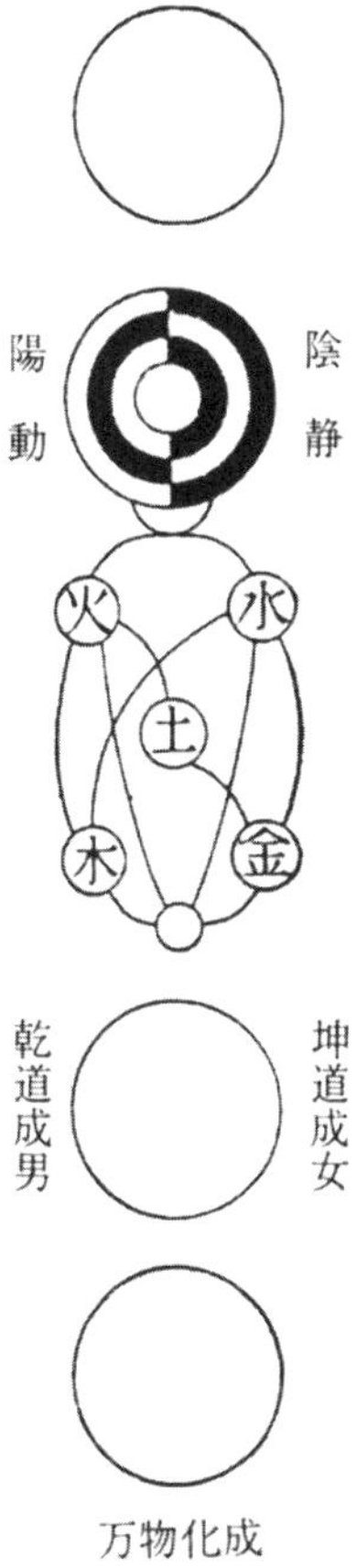

太極図（高島元洋『山崎闇斎』より）

が異なる。

「理」とは、宇宙の万物と同じく、人間にも備わっている「そうあるべきもの」であり、人間の場合、それが本性という意味での「性」である。ただし、こうした前提からも、違いが発生する。小島毅は朱子学と陽明学の相異は、朱子学が心と理（性）とを概念上はっきり区別するのに対して、陽明学が心と理（性）を同じものだとするところにあると言っている（『朱子学と陽明学』）。天地における心・理のとらえ方、位置づけ方に違いが発生する。

朱子学の場合、宇宙の万物と同じく人間にもそうあるべき理（性）がもともと備わっているからこそ宇宙の秩序と調和できると考える。ただ気に覆《おお》われているがために気づかない万物の理を探究することが求められる。人間においては、理（性）にかなった情の発現になるよう心が情を制御するのであり、それが可能となるような心の状態を目指すべく修養するのである。儒教の経書『礼記』には、七情として「喜・怒・哀・懼《く》・愛・悪《お》・欲」（「懼」は「おそれ」、「悪」は「にくむ」）が挙げられている。こうした物事への理中心のまとめ方が「格物窮理《かくぶつきゅうり》」といわれる。

一方、陽明学の場合、「心即理」といわれる。心は理（性）をそなえ情が動いている場所でありいわば全体である。この完全な心の絶対善を見ることこそ大事で、それに向けて理（性）は己れの活動や行為をするその場その場で確認されていく。それはただ個人的なことではなく誰もが元来そうである。だから活動しながら民衆と交わることが修養であり、民衆との交わりを通して心を正していくのである。

日本の心と言葉

朱子学は日本に移入されると、また変化する。比較すると、中国の朱子学は、人間の修養において、修己（あるべき自己の完成）を実現し、治人（あるべき人の完成）を実現するために、心に理（性）を実現する主体性を要求する。そこから人の心（絶対主体）は理（性）という規範（観念）を実現し、聖人となることを目指すのである。一方、日本朱子学は、理（性）は決まった規範（観念）ではなく個々の理であり、心という空間に理（性）が発現すると考える。絶対理あっての窮理や心即理ではない。すると、理だけでなく気を重視することにもなる。心にはまず気が充満しており、そこに理（性）が発現するのである。こうした体験的な心を重くとらえるところは陽明学に通じるものがあるが、さらに独自の説を展開していく。

日本における儒教の祖ともいわれる藤原惺窩《ふじわらせいか》（一五六一〜一六一九）は、鏡につく塵《ちり》を除けば、そこに清明なところが現われ、そこに虚霊があるというが、鏡は心の、塵は物欲のメタファーである。心が虚であってこそ、心の霊妙な働きが起こってくるのだという。さらに、伊勢神宮の外宮《げくう》の神職の子として生まれた度会延佳《わたらいのぶよし》（一六一五〜一六九〇）は、心に神が宿るには、錆《さび》や塵を取り払い、心が鏡となること、つまり清澄《せいちょう》な心になることが必要だと説く。

山崎闇斎《やまざきあんさい》は、「理」と「気」の関係を漢方薬にたとえている。「理気妙合《りきみょうごう》」の説明によると、心には気が充満しており、理が心において気と混合する。理は、気と混合することによって、そのはたらきを発揮する。理と気の関係を漢方薬にたとえ、理である漢方薬は水である気と煎《せん》じ合わせ薬効をあらわすとしている。儒家神道においては「神＝理」であり、人の心は神明の主であり、人が神に祈り、正直であれば、神が来臨し人を加護すると説く。闇斎の唱えた垂加神道《すいかしんとう》は、垂（神垂《しんすい》＝神が来臨し幸いをあたえる）、加（冥加《みょうが》＝神の加護をこうむる）というところからきている。

山崎闇斎の「理気妙合」の心に充満している気は、心水の水のようであり、「人が祈禱《きとう》し、正直である」状態が「水が澄んでいる」状態と考えることもできる。また、曇りのない鏡の状態とも言える。つまり、人が祈禱し、正直であれば、「澄んだ水」や「曇りのない鏡」に理（神）が発現しやすい状態になる。これは神への「祈り」といえる（第2章で祭りには神々への祈願があるとみた）。

原理よりも個々の理をとらえ、さらに理より気をとらえる傾向があると、実際の物事や伝統をみる人びとが生まれる。それを歴史的に遡《さかのぼ》る人びとが、「古学」（古代中国の聖人たちが遺《のこ》した学問や制度）を学びながら現実と結びつける。京都の伊藤仁斎《いとうじんさい》（一六二七〜一七〇五）は、漢文世界の聖人を見つけながら手元の「元気」と日常生活を重んじる。また荻生徂徠《おぎゅうそらい》（一六六六〜一七二八）は、聖人による言葉と「礼楽刑政」を重んじる。その礼楽は雅《みや》びであって、日本にもつながると説く。

ただし、その言葉（漢文）をむしろ日本の伝統的言葉（和文）に見出し、礼楽よりも天照大御神以来の日本の祭りを発見するところに本居宣長がいる。神社での祈りがそこに結びつく。

こうしてみると、はじめ天地、また理とともに見出された心と言葉は、日本では人びとの具体的な経験やその伝統の中に入っていく傾向が生じていることがわかる。

三　心はどこから来たのか

とはいえ、心は経験のなかで消えてしまうわけではない。そこでまた、さらに見出されるものであろう。この点にも触れておこう。

江戸時代を通じて出版され続け、「天道」にかなう生き方を説く『心学五倫書《しんがくごりんしょ》』（著者・成立ともに未詳）には、「人の心はかたちもなくして、しかも一身のぬしとなり、爪の先髪筋のはづれまで、此心行わたらずと云事なし。此人のこゝろは、天よりわかれて来て、我心と成なり。本は天と一体の物なり」とある。心は、事物や事象の働きを秩序づけている実体のない存在であり、天から分かれてきて、身を働かせていると説いている。ここで説かれている心も、天から分かれきた理（性）を有している。

「心が天から分かれ来る」という解釈は、陽明学者といわれる熊沢蕃山《くまざわばんざん》（一六一九～一六九一）や佐《さ》藤一斎《とういっさい》（一七七二～一八五九）の「太虚《たいきょ》」に通ずるものがある。「太虚」とは宇宙の根源であり、つねに躍動している生々のエネルギーである。蕃山は、心には善も悪もないが、「太虚」と一体化した心の足跡は、まさに善を実現しているという。また、一斎は、「太虚」と一つになった「心」に光を見出し、この光に人は導かれるのだという。

心は混沌《こんとん》としていて、つかみどころがない。そして、つねに動いていて、何も考えずにいるということは難しい。祈願しても成就するとは限らない。座禅を組む際に、呼吸に集中してください、などといわれるが、これは呼吸に集中しなければ、何かを考えてしまうということだろう。しかし、心と物事はつかみどころがない、混沌としたものなのかもしれない。人間が経験を基《もと》に、認識能力を磨き、みずからの判断基準を構築していくとき、経験を積み重ね心が磨かれていくのか、それとも元々良知を持つ心が環境とともに育っていくのかはわからない。理を窮《きわ》めようとする主体はいったい何なのか、はまずわからない。しかし、人間の身とその心は万物のなかに位置づいている。自己と向き合い、自己と対話していくことが理（性）の実現に向かっているのなら、それは望ましい方向に向かっているのではないか。

実際に、江戸・近世日本において「心」がどうとらえられたかは、第5章でまた見てみよう。

【討論テーマ例】

1　あなたが『こころ』の先生であるとしたら、どうしますか？　お嬢さんの母親に結婚を申し出るまえに、友人のKに相談しますか？

2　心の葛藤とは、どのような状態なのでしょうか？

3　人間には、生まれながらにしてそうあるべき理（性）が備わっていると思いますか？

4　心は脳が生み出すものだと思いますか？

5　あなたが心だと思っているものは、朱子学の「心」に近いですか？　陽明学の「心」に近いですか？

【キーワード】
理・気、情、陰・陽、太極、太虚

❖コラム 「カミ」「マツリ」「ココロ」「テン」の意味を考える

第3章で、メタファー（metaphor）といった言葉を使用したが、「比喩《ひゆ》」には、メタファー（隠喩《いんゆ》）、シネクドキー（提喩《ていゆ》）、メトニミー（換喩《かんゆ》。第2章で言及）がある。ここでそれらについて考えてみたい。

ある言葉が、人びとの認知能力によって時間とともに元々の意味が変ってしまうことがある。本書での基本的な言葉も例外ではなく、第1章から扱っている「カミ」「マツリ」「ココロ」「テン」（漢字による含意《がんい》を除くためカタカナ表記とする）なども同様である。この言葉につながる現象には、人間の認知能力（考え方、とらえ方やその可能性）が深く関わっているといえる。認知意味論では、意味の拡張の経過として、先の三つの比喩が挙げられる。まず、「メタファー」という比喩では二つの事物・概念の何らかの類似性に基づいて、一方の事物・概念を表す形式を用いて、他方の事物・概念を表す。たとえば、「あの人は職場の花だ」というのは、「植物の花」と「美しく人目を引く」という類似性に基づいた言葉また現象である。

また、より一般的な意味をもつ形式を用いて、より特殊な意味を表す、あるいは逆に、より特殊な意味をもつ形式を用いて、より一般的な意味を表すのが「シネクドキー」（synecdoche）という比喩であり、これは提喩ともいわれる。たとえば、日本で「花見に行く」といえば、その花は桜である。これは一般的な意味をもつ形式「花」が、より特殊な意味を表す「桜」に使われている。また、「酒が好きだ」といえば、この酒はアルコールを含む飲み物一般を指すが、もともとは「日本酒」の意味である。これは、特殊な意味をもつ形式「酒」を用いて、より一般的な意味を表したものである。

さらに、二つの事物・概念が外界における隣接性をもち、隣り合わせでありながら関連性に基づいて入れ込んでいくとき、一方の事物・概念を表す形式を用いて、他方の事物・概念を表す「メトニミー」(metonymy)という比喩があり、「換喩」ともいわれる。たとえば、「黒板を消す」といえば、実際に消されるのは黒板に書かれた文字などである。この「黒板」と「黒板に書かれた文字」との関係は、空間内における隣接である。また、「口を開く」といえば「言葉を発する」ことであるが、時間的には口を開いてから言葉を発するのであり、時間内における隣接といえる。

さて、思想に関する言葉をみていこう。第1章で扱った「カミ」に、本居宣長の「尋常ならずすぐれたる徳のありて、可畏き物」という定義がある。カミは、「貴賤、強弱、善悪を問わず迦徴であり、善神が悪になることもあれば、悪神が善になることもある」と書かれている。しかし、時間の経過とともに、人びとによって祀られる、人びとにとって善い存在を指し示すようになる。つまり、「カミ」は一般的な意味をもつ形式「カミ」を用いて、より特殊な意味「人びとにとって善い部分」を指し示すというように、意味が変わったともいえる。これは、前述のシネクドキーである。

「マツリ」は第2章で既述したとおり、三段階（斎戒《さいかい》→祭儀《さいぎ》→祝祭《しゅくさい》）の区分がなされるが、現代の「祭り」といえば、三段階目の祝祭をイメージするのは、一般人が目に触れるのが三段階目の祝祭だということもあろうが、「全体を表す語で一部分を表す」時間におけるメトニミーとも考えられる。

「ココロ（心）」は第3章で既述したとおり、朱子学は「心に、理を実現する主体性を要求するのであり、心（絶対主体）が理（規範〈観念〉）を実現し、聖人となることを目指す」のであるが、日本朱子学は、理は規範（観念）ではなく実体であり、理（＝性）が心という空間に発現すると考える。心は朱子学では主体であり、日本朱子学では場所であり、空間におけるメトニミーと考えることもできる。

「テン（天）」は、第1章から何度も用いてきた。それは第5章でさらに見るが、「神々が住まうところであり、太陽神の住まうところという意味から、意味拡張した太陽でもある」。そうなると、これは二つの事物の外界における隣接性から生じる、空間におけるメトニミーとも考えられる。

このように時間の経過とともに意味が変わってしまうことをふまえ、思想内容は注意深く精査していく必要があるだろう。異なる時空間で育まれた思想を現代人がとらえるには多くの困難があるが、そうだとしても、そのなかから普遍の真理に近づく努力は続けられるべきだろう。

第4章　習合と信ずる軌跡

時間とともに、また、環境によって、さらに異文化との接触によって、物事はその姿を形成しながらまた変わっていく。言語についていえば、今から千年以上前の日本語と現代の日本語とでは語彙《ごい》も文法もかなり異なるだろうし、また同時代であっても東京人と沖縄人の日本語は発音も語彙も異なるだろう。異文化接触によって外来語が日本語に組み込まれたり、ピジンが生じることもある。ピジンというのは、異言語間において自然に生じた混成語のことで、「Long time no see（お久しぶり）」は英語の文法として正しくないが、意味が通じるピジン英語としてよく例に挙げられる。

食文化についていえば、グローバル化が進む現代にあっても、日本の寿司と海外の寿司の様相はかなり異なっている。それは、従来の日本の寿司が海外の文化環境（現地の食材や現地人に好まれる形や色など）の影響を受け、変わっていった結果だろう。海外の寿司は、具材も異なり、形も異なる。あえて共通点を挙げれば、ご飯を使用しているということぐらいだろうか。

また、同地域にあっても、時代によって食べ方もイメージも変わっていく。江戸時代には寿司の屋台があったようだが、現代は回転寿司や高級寿司店はあるが、寿司の屋台はあまり見かけない。

相撲の観客席は、近代の建物では一階が座布団席（桝席《ますせき》）で、二階は椅子席で、土俵に近くなればなるほど料金が高くなる。ただ二〇一九年五月二十六日、アメリカ大統領や首相のために一階に椅子席を作った。この席の変化にも、昔の人なら驚いただろう。

さて、思想も同じように、時代の変遷とともに、受け入れる地域によって、人びとの解釈が加わり、当初の思想とは別のものになっていくのではないか。その際、変わってしまうものがある一方で、変わらないものもあるのだろうか。もともとその地域に根づいていた思想に外来思想が入ると、どのような反応が起こるのか。その反応の仕方も、その地域の社会環境や文化によって異なるだろう。この章では、日本において複数の思想がどのように反応し合い、習合していったのか、日本の代表的な思想である神道、仏教、儒教を中心に見ていく（一・二節）。さらに、一個人の内部において思想が形作られていく過程を追ってみよう（三節）。

一　習合宗教への道

宗教とは何か。宮家準は、「宗教」を聖なるもの（精霊・神・宇宙の法のような超自然的な存在）との関わりにおいて営まれる人間の生活様式とし、宗教が成立する際に必要なものとして、①思想（教義・宗教倫理・内面化された信仰）、②実践（儀礼・布教・慈善活動）、③組織（教会・教団など）、④当事者の救済や意味づけを与える根拠としての機能を挙げている（『民俗宗教と日本社会』）。

	担い手	聖なるもの	組織・思想・実践など	救済のあり方
自然宗教（未開宗教→古代宗教・民族宗教）	多くは在俗者	精霊・超自然的力→多くの神々	儀礼が中核。思想内容は儀礼の意味づけ、それを支える世界観、家・地域・社会・民族、国家に超自然的な意味づけを与える神話、伝説など。神話や儀礼を保存して伝える。	家・地域社会・民族・国家の維持や繁栄が個人の救済につらなる。現世利益。個人の内面化にはつながらない。
創唱宗教（世界宗教→仏教・キリスト教・イスラム教）	専業聖職者が中核（教団）	一神教的（仏教は法を強調）	教祖の教えと教祖と信者がつくる組織。思想内容は倫理性をもつ教祖の教えで、儀礼は教祖の誕生などを記念した祭典や教えを学ぶ集会。布教、慈善活動。	自己の魂の救済、来世での救い。現世拒否的な傾向。救済は個人的。救済確信後、信仰が深く内面化。

表　自然宗教と創唱宗教（未開宗教とは文明化以前の宗教で、古代宗教はギリシア・ローマ・エジプトなどを指し、民族宗教は神道・道教・ヒンズー教・ユダヤ教などを指す）

そして、宗教を自然の生活の中からおのずと育《はぐく》まれてきた「自然宗教」（誕生・成人・結婚・死などの人生儀礼、年中行事を中心とする生産儀礼、災厄や病の除去をはかる除災儀礼、神話や伝説や昔話などが中核）と、宗教体験を受けた創唱者が地域、民族を越えて、個人の魂の救済を目指して開教した「創唱宗教」に分けている。

「自然宗教」と「創唱宗教」をまとめると、表のようになる。本書でとらえてきた「祭祀《さいし》」は、この表のうち「組織・思想・実践」を形として総称するもの、といえる。自然宗教の形では、思想や言語は、はっきり記録されないこともある。創唱宗教では、むしろ記録されることが多い。

習合《しゅうごう》とは、相《あい》異なる教理などを折衷《せっちゅう》・調和すること（『広辞苑』第七版）、哲学や宗教などで、相異なる教義・主義などを折衷すること（『明鏡国語辞典』第二版）であり、習合神道といえば神道に儒教・仏教などの教義を習合してできた神道のことである。

土地の人びとが育んだ自然宗教は創唱宗教や他の自然宗教

に出合い、再解釈され、習合されていく。日本の場合、一般の人びとは教義にはやや無関心で、これを折衷、調和して関係づけ、排除するより、儀式やイベントごとに異なる宗教を受け入れている。そして現代では、生に関わる誕生・七五三・結婚は神道（結婚については教会で式を挙げるカップルも多いが）、死に結びつく葬式や法事は仏教で執り行われることが多い。日常の宗教活動を見ても、正月は神社、彼岸や盆は寺、クリスマスは教会と、しばしば分類されるが、その宗教的内実にこだわる様子はあまり見られない。

二　日本における習合

日本の場合、民俗宗教である神への信仰が儒教や仏教に出合い、部分的な習合から、教義をも含む体系的な習合へと進んでいったのだろう。では、習合される神への信仰とはいかなるものだったのか。

自然宗教も創唱宗教もどちらも宗教であるが、なぜか多くの日本人は「宗教体験を受けた創唱者が地域、民族を越えて、個人の魂の救済を目指して開教した創唱宗教」をまさに宗教と思い、「自然の生活のなかからおのずと育まれてきた人生儀礼・年中行事などを中核とした自然宗教」をあまり宗教とは思っていない。そして、宗教について尋ねられると、よく「無宗教」と答える。住宅事情にもよるが、家には神棚《かみだな》や仏壇があり、初詣《はつもうで》や墓参りに出かけ神仏を拝む日本人が、なぜ無宗教と答えるのか。多くの日本人は人間を超越した存在を信じていないわけではないが、日本の民俗宗教である神への信仰があまりにも漠然《ばくぜん》としており、また、特定の宗派に属しているわけではないため、「無宗教」と答えてしまうのだろう。

そもそも「宗教」という言葉自体、明治維新後に、西欧のキリスト教がそれ以前よりいっそう入りはじめたときに、その対象について称されたものである。手元の物事は、宗教とは必ずしも思われなかった。

また近代の宗教は、言説や経典を重んじてその教義を語る。これに対して、神への信仰は祭祀儀礼が中心であり、生活とは関係しても教義がはっきりしないという特徴がある。神への愛を訴えるキリスト教の『聖書』、悟りと慈悲を説く仏教経典、仁と礼を教える儒教の『論語』『孟子』などと異なり、まとまった教えが必ずしもないのである。そのため、日本における神への信仰は、その時々に衣装を替えて現れる「着せ替え人形」と石田一良《いしだいちろう》が論じるように（『カミと日本文化』）、ある時は仏教の衣装を着け、ある時は儒教の衣装を着けて現れ、習合されやすい傾向があった。むろん何を受容するのか、中心としての祭り事が何なのかは、時代が要求するものである。

仏教との習合

仏は、新種の神として受けとめられ、飛鳥時代（七世紀頃）には興隆し、追って広がることになった（神仏習合《しんぶつしゅうごう》）。ただ、一般に習合において寺社は祟《たた》りにも関わり、宮廷やその周辺の特定の神社は、仏教と関わりつつも神道をより浄化させながら立ち上がっていく。平安時代（八～十二世紀頃）には、各地域で神事・仏事が行われるようになり、また重要な神社では、神威の増進のために、法楽《ほうらく》（神のための造寺・造仏）の一環として神前読経や書写奉納が行われている。神社に「神宮寺」と称される寺院が併設され、関係者を加護し、また各神社を支配下に置くようになる。また、寺院では、仏法擁護のため鎮守社が定められ、鎮守神の霊威を高めるため、僧侶による仏事や神職による鎮守社への神事が行われている。

信仰の内容にも展開がある。八世紀においては神が菩薩《ぼさつ》号を得るのであるが、仏教が拡大する十世紀になると、神は仏教における菩薩（仏の下位にあるもの）であり、権現《ごんげん》であるという本地垂迹説《ほんじすいじゃくせつ》が仏教の側から成立する。仏教は本地として根本・本質であり、神道はその垂迹《すいじゃく》として仮の姿（現象）であるとされた。さらに十一世紀以後、伊勢神宮の本地は観音菩薩、あるいは大日如来《だいにちにょらい》とされる。式年遷宮後の伊勢神宮の心御柱《しんのみはしら》は、大日如来が刻まれ、再登場することもあった。天照大御神の依代ともいえる心御柱に大日如来が刻まれるということは、伊勢神宮においても神仏習合が進んでいたことになる。仏像が平安中期から寄木造《よせぎづくり》に移行した一方、神像は一貫して神木の一木造《いちぼくづくり》であったという。鎌倉時代に書かれた「心御柱記」という文書によると、心御柱というのは、正殿の床下中央に外からは見えないように立てられた神秘の柱（五尺＝一五一・五センチ。一尺を三〇・三センチとして計算）のことであり、上の建物は支えておらず、構造上は必要のない柱である。二尺（六〇・六センチ）が地下に埋められ、三尺（九〇・九センチ、ほぼ一メートル）が東西南北に立てられた枝に支えられて地上に出ており、柱の上に榊《さかき》の葉が置かれているという。

また、十二世紀には伊勢神宮の内宮《ないくう》・外宮《げくう》の両宮の諸神や社殿を密教教理によって説明しようと両部神道《りょうぶしんとう》系諸派が生まれいく（第1章参照）。

延暦寺《えんりゃくじ》が本地《ほんじ》とされ、日吉大社《ひよしたいしゃ》（山王権現《さんのうごんげん》）が垂迹《すいじゃく》とされるなど、神々に対する本地仏の設定が一般化していくと、御神体である鏡の面に本地仏を線刻する「鏡像《きょうぞう》」や、円形か扇形《おおぎかた》の板に本地仏を張りつけた「懸仏《かけぼとけ》」などによって神と仏の関係が誰にでもわかるように工夫されていく。

鎌倉時代（十二世紀末〜十四世紀初め）、いわゆる鎌倉仏教においても本地垂迹説を受け入れつつ教説が展開されている。浄土宗、浄土真宗などの念仏門の人びとは、カミを仏菩薩の垂迹である神「権社《ごんしゃ》ノ霊神」と本地を持たない生霊・死霊（人類と畜類）の神である「実社《じっしゃ》ノ邪神」とに分け、権社の霊神への信仰を認めている。ここからはカミの指し示す範囲が広かったことがわかる。

ただし、こうした広がりは反転して、中心的な神社を浄化する活動にもなっていく。伊勢内宮の天照との関係は早くから持続しただろうが、鎌倉中期、伊勢外宮では『神道五部書《しんとうごぶしょ》』がつくられ、仏教よりも易や老荘思想をもち出して、神道古来の祭りが強調される。さらに室町・戦国期の吉田兼倶は、『唯一神道名法要集《ゆいいつしんとうみょうほうようしゅう》』で、神道こそが根本（主）であり、儒教は枝葉また仏教は華実（従）であると、「元本宗源神道《げんぽんそうげんしんとう》」の「唯一」性を提唱する。そして、仏教さらに儒教をも取り込みながら、包括する唯一の産物として神道を述べる。これは反本地垂迹説とも呼ばれる。江戸時代（十七世紀以後）になって次第に広がることになり、その祭祀のための三社託宣（天照皇大神宮・八幡大菩薩・春日大明神による、正直・清浄・慈悲などの誓約）は、やがて掛け軸ともなって各地で尊ばれることになった（第6章参照）。

儒教との習合

第3章二節とそこからの展開で「太極図」にふれたが、この図形とそれに関わる言葉とが、戦国期・江戸時代（十七世紀～十九世紀半ば）には大きな教養となる。その受容や批判が、いくつもの祭祀論を形成する。当時、仏教が広がっていたのに対して、儒者たちは、仏教については人の道に反した教えとし、一部では太極図やその言説自体を尊ぶが、多くは神道との直接的な融合をはかったり（神儒一致）、古代漢文を尊びながら手元の世界を組み立てようとする（古学派）。

神儒一致による儒家神道としては、漢学者の側から、林羅山《はやしらざん》（一五八三～一六五七）や山崎闇斎など朱子学用語と神話との結合をはかる展開がある。また、神道家の中から、伊勢の度会延佳《わたらいのぶよし》（一六一五～一六九〇）や江戸の吉川惟足《よしかわこれたり》（一六一六～一六九五）など神道の理論に儒教を取り入れるものがある。

林羅山は、朱子学の用語を用いながらも、「それ本朝は神国なり」として「神武帝」以来のものとして神社を調べる（『本朝神社考』）。また羅山は、吉田兼倶の「元本宗源神道」をおそらく知りながらも、そこに朱子学の「理」を結びつける。その理が治者の心に宿っているのだ、と「理当心地《りとうしんち》神道《しんとう》」を唱え、これを武家君主に祭祀と関連づけて伝授した（『神道伝授』）。

伊勢神宮の外宮神職・度会延佳は、従来の伊勢神道（両部神道などは仏教的用語を用いるが）と異なり、朱子学の言葉も用いながら「誰も誰も心をかがみのごとくせば、吾が心は則ち天御中主尊《あめのみなかぬしのみこと》・天照太神に同じからんか」と「心は神明の舎《やどりどころ》（すまわれる御殿）」と、民衆自身、心を大事にせよと説く。そして、誰もが日常生活の中に神道を見出して己れの職分を尽くせよ、それに目覚めよ、と述べた（『陽復記』）。

吉川惟足は材羅山だけでなく、さらに吉田神道の教理も受け継ぐ。京都で吉田神道を伝授され、江戸に戻って、十七世紀後半、四代将軍徳川家綱や何人もの諸大名に伝え、それはやがて幕府神道方という役を務める家系になる。武家が中心だから、より身分を重んじ、それに応じた道徳的な生活を説くが、君臣の道は父子の道より重く「孝」より「忠」を重視する傾向をもつ。

こうした運動をいわば総合したともいえるのが、第3章に見た山崎闇斎である。彼は、度会延佳・吉川惟足から教えを受けつつ、朱子学の理論を基礎に神道の体系化をはかり、『日本書紀』の神道を朱子学と合一させる垂加神道《すいかしんとう》を完成する。心を媒介とした神人の一体を強調するが、闇斎は、朱子学からの革命の可能性を除き、君臣関係は不変であり、その心における君は根本的に天皇につながる。朱子学では、心は「智蔵《ちぞう》」ともいわれるが、闇斎にとってそれは朱子学的な「太極《たいきょく》」ではなく、度会延佳と同様、「神明の舎」なのである（第5章参照）。

三　古代を遡っての言葉と祭祀

仏教・儒教や神道も、心と言葉をもつにしても、それはただ抽象的な物事ではなく、当時の実際の人びとの生活と関係してこそ、意味をもつだろう。示される物事と現実との関係は、一見離れていても、歴史を遡《さかのぼ》ると意味が見えて位置づく場面があるのではないか。このような問題意識から、「古学」と後にいわれる歴史を遡って現在を方向づける動きが近世において生まれる。そこには当然ながら生活自体やこれに結びつく祭祀への関心がある。近世には先立って漢籍をまず見る例と、さらに手元の和文世界をまず見る例と、この二つが関係しながら展開している。それが近代にもつながっている。これを本節では、一個人の内面においてさまざまな思想が反応を繰り返し、習合していく様相について簡単に触れてみたい。

漢文による世界

伊藤仁斎《いとうじんさい》は京都の町人であり、「日常生活」(人倫日用)こそが大事で、歴史を越えて意義がある、ととらえる。彼は最初、朱子学や仏教を真面目に学ぶが、その「理」が日々の生活から離れて虚無になっていると知り、改めて「活物」(気)が大事であることを見出す。古代の聖人や孔子・孟子がとらえたのはその事実であり、そこから実際の言葉や修身のまごころ＝「忠恕」が充実して広がる（拡充）ところに日々の生活があり、「愛」がある。それは時代や場所を越えている、という（『童子問』）。

荻生徂徠《おぎゅうそらい》は江戸の医家出身で、幕府にも仕えた学者である。将軍と徂徠の父との間に確執《かくしつ》があって、親子ともに都を離れ南総（現在の千葉県中央部）で田舎の生活を知るが、十余年後に江戸に戻ると、都会化により風俗が変転していることに驚く。ところが、内部の人びとは流行に流されながらもそれを問題視さえしない。変化は状況によって徐々に進むため、内部の人びとはその大きさに気づかないからである。徂徠はその変化の全体を大きな歴史的視野（外部の眼）でとらえるとともに、そこに改めて作為された秩序が必要と考えた。戦時期はともかく、元禄期以後の幕府にとってはそれが大事と考えたのである。中国の古代聖人たちは、最初に「利用厚生の道」を作為し、さらに三代（夏・殷・周）において「礼楽」へといたり、その「礼楽刑政」こそが普遍的であるとした（『弁道』）。それは、生の相親・相愛する基層的部分から、さらに習慣・学習により組織構成されるものである。その理解は論理ではなく、経験さらに歴史認識によって和漢・古今を通じるとき、ひるがえってわかるもので、そこには聖人への信仰がある、という（『徂来先生答問書』）。

徂徠は、その三代とくに殷からの交流が、日本の奈良以後の王朝にもあると考えていた。幕末の横井小楠《よこいしょうなん》（一八〇九〜一八六九）になると、聖人への信仰はないが、天人相関的なモデルの経験主義に立ち、三代からの交流は現在にもつながる意味がある、と考える。また幕末の後期水戸学（近世の水戸藩で形成された学問は水戸学と呼ばれ、歴史書の編纂を中心とする前期水戸学と、幕末の国家的危機の克服を目指した後期水戸学とに分けられる）になると、三代を考えず、「皇祖」へと関係づける（第6章参照）。

和文による世界

漢書における「礼楽」は、和書において「祭祀」であり、同様に「漢詩」は、「和歌」である。荻生徂徠は辞書の人でもあり、和漢の翻訳において、漢書を対象としながら、この両面をそれぞれ考えていた。その徂徠と関係を持った京都の堀景山《ほりけいざん》（一六八八〜一七五七）にも、翻訳論がある。ただし、景山は北畠親房を知ってか、万世一系をはっきりと指摘する（『不尽言《ふじんげん》』）。本居宣長は京都に留学した際、この景山から学ぶ。景山没後、伊勢松坂に帰郷する。漢学・国学を熱心に学びながら、日本の和歌の伝統は誰もが持っていると強調し、さらに『古事記』を手にし、読めるものとするための注釈書を出版する（『古事記伝』）。その書の第一巻総説に『直毘霊《なおびのみたま》』があり、「皇大御国は、掛けまくも可畏き神御祖天照大御神の、御坐る大御国にして」とはじまる皇国論が記されている。それは正史として従来読まれていた『日本書紀』や、漢文ではない和文の伝統を伊勢神宮にさらに見出すものであり、その出版は当時それを手にする人びとにとって、とても大きな意味を持った。

ただし、ここでの宣長は、その天照からの伝統にただ「従ふ」ことを強調し、また漢文を漢心《からごころ》とともに否定的に述べてもいる。しかし、宣長以後には漢文のもつ意味も結びつけるべきだとし、『古事記』だけでなく『日本書紀』、さらには漢字の諸々のテキストを包摂してもよいと考えられるようになっていく。この点については平田篤胤（一七七六〜一八四三）が見方を広げ、後期水戸学を代表する会沢正志斎《あいざわせいしさい》（一七八二〜一八六三）などが、忠孝の道徳性をそこに帯びさせた。

明治元年、天皇の「五箇条の御誓文」の背後には、横井小楠の考えがあったとされるが、その後の「大日本帝国憲法」では宣長の考えを水戸学的に包摂することが「臣民」の働き方となった。

【討論テーマ例】

1　日本の寿司の変化（本章のはじめ）のような例が、ほかにもありますか？

2　あなたの家には、神棚がありますか、また仏壇はありますか？

3　生活のなかで、宗教的と思われる行為がありますか？

4　これまでの人生のなかで、宗教的と思われる行動をしたことや、それを見たことがありますか？

5　吉川神道は、君臣の道は父子の道より重いとし、「孝」より「忠」を重視しましたが、それについてどう思いますか？

【キーワード】

自然宗教・創唱宗教、本地垂迹説、本地仏・権現

第5章　天と地と人

「天《てん》高く馬肥《こ》ゆる秋」（秋は空も高く澄み渡り馬も肥える）という諺《ことわざ》にさえなっている「天」——これは福沢諭吉が『学問のすゝめ』で書いた「天は人の上に人を造らず人の下に人を造らず」の「天」と、意味は同じだろうか。前者の天は、豊かになる土地を覆《おお》う高い空のようである。これに対し後者は、幕末・明治初期の『西洋事情』の後に著《あらわ》されたもので、万物を創造し地上を支配し人の平等を示す天といった西洋の超越神の意味合いさえ連想させる。

「天」という語には、「天国」「天罰」「天神」「天命」「天敵」「天職」など熟語は多いが、その意味は何だろうか。また、ひるがえって「地」の意味は何だろうか。「馬肥ゆる」というときは豊かな土地や大地を言わずとも示しているようである。第3章で十二世紀に書かれた漢文の「天地」をみた。地には「天地」以外にも、「心地」「墓地」など地を下に付す熟語もあるが、地を上に付す熟語として、「地上」「地下」「地形」「地祇」「地域」「地方」「地頭」、さらに「地獄」など範囲や奥行きを示す語が多い。

辞書（『広辞苑』第七版など）を引いてみると、「天《てん》」にはいくつもの意味があるが、同様の意味をまとめると、①地と呼応するような空間である天や天体、②天地万物の主宰者や全体者、③天地や自然そのもの、その総体、④そこに座して働く神々など、が浮かび上がる。「地」についてもまとめると、「地《ち》」（漢音）は、土や心や足下の範囲・状態、「地《ジ》」（呉音）は、囲って専有したもの、素地、手を加える前の下地・本質などを意味している。

いずれにせよ、天は、支配し覆うもの、またその全体であり、地は、限られて可能性がある地元の範囲だった。天は全体において、天地と同意にもなるようである。人はそれらの天・地に関わる。そこで天に向かっていく祭祀《さいし》、その祭祀に関わる天子を（一節）、さらに天のとらえ方の変遷を（二節）見ていこう。また、天と神との位置づけ（三節）や仏教での天と地（四節）も見ていく。明治半ば以後、こうした天地は人間の視野から消えていく。現在では科学的な対象とする以外には、感じたり思ったりしないかもしれない。本章では、近代以前の人々の実感を見てみる。

一　日本の祭祀の歴史から見える天と地

このような天地において、人とその営みの本質である祭祀は、どのようだったのだろうか。ここでは日本の大きな歴史的な場面を縄文期からいくつかふりかえってみる。

縄文時代というのは、今から約一万五千年前に始まり、一万年以上続いた時代である。文字も無く道具も限られ、光を求めてもろうそくさえない時代、天地は偉大に感じられただろう。闇《やみ》は大きいし、明るい光や流れる水、空・山・川また日月などは、たいへん畏敬《いけい》をもって見出されていたに違いない。

この環境において、母胎あるいは産婦を写し取った土偶が祭祀に用いられ、死亡した新生児を土器に入れて埋葬する土器棺も見られる。それは再生、また生命を生み出す象徴であり、さらに豊穣や収穫に通じるものでもあったのだろう。縄文時代後期になると、環状列石《かんじょうれっせき》や配石遺構《はいせきいこう》の発達が見られるが、ここは集会の広場であり、その一角は墓地であり、縄文時代には、再生・循環という基層のもとに祖先崇拝の思想があったこともわかる。

その後、大陸から日本列島に弥生人と呼ばれる人びとが渡来し、紀元前三世紀ころから弥生時代がはじまる。そこには縄文人以来の「在来型弥生人」と、様相が異なる「渡来系弥生人」がおり、後者が大陸から稲作と金属器の文化をもたらした。すると、生産や人間の秩序化が大きくなる。

古墳時代（三世紀半ば〜七世紀）には、本島や九州でいくつかの氏族が立ち現れた。この時代、各氏族の祭祀は各地に広がり、また畿内（ヤマト）への中心化があったと指摘される。そこには稲作や生産・交流をめぐる祭祀があっただろうが、いま史料としてはっきり見えるのは、前方後円墳などである。この古墳は、亡くなった治者を祀るまさにお墓であり、そこに埴輪《はにわ》が立て並べられる。埴輪はさまざまだが、武装男子立像や馬形が大事なものとしてあり、支配とその領域がそこに結びついていることを示す。前方後円墳では、葬制としての祭儀がとくに強大な治者において行われた。これは大きくは祭祀だが、死をめぐっての祭祀が、従来の祭祀とは別の言葉・物事として立ち上がっているとも言えるだろう。
五世紀、高句麗《こうくり》から王権をめぐり天孫降臨《てんそんこうりん》の考えが導入されたとの指摘もあるが（大林太良『東アジアの王権神話』）、天地での働きが、縄文以来の地面よりも弥生期に発生することがあり、それがカミをより上位の神とするようになったのだろう。

記録から読み解く

天地、万物を生み、または成長させる霊妙な力である産霊《むすひ》は神の名に用いられることが多い。『古事記』には天地初発のときに三神が現れるが、高御産巣日神《たかみむすひのかみ》、神産巣日神《かみむすひのかみ》はムスヒの神である。本居宣長は、天地をはじめ世の中のすべてのものはムスヒの二神の産日《むすひ》のはたらきにより出現したのであり、世の多くの神々の中で、この二神はことに尊い神であると説いている（『古事記伝』）。天《あま》照大御神《てらすおおみかみ》が天岩戸に隠れたときに高御産巣日神の子、思兼神《おもいかねのかみ》が思慮をめぐらし、天照大御神を帰還させ、天地が闇から明るさを取り戻す。

さて、七世紀後半から八世紀初頭にかけて天照大御神が倭王の祖神として位置づけられるようになる。そこには、言葉による記録が実際に文字となって残る。『日本書紀』は第2章にみた律令制と関わって編纂《へんさん》されたものだから、ここでは秩序内部の構造として『古事記』を見てみる。『古事記』によると、天照大御神は高天原《たかまのはら》の最高神である。天照大御神を皇祖神として位置づけることによって、その子孫が地上に降り、当代の天皇に至ったという物語ができ、それによって体制が正当化されていくのである。

この天孫降臨は、日本の場合、天照大御神の命を受けて、天照大御神の孫のニニギノミコトが高天原から高千穂（宮崎県北西部）に降りてきたということである。その際、天照大御神は皇位のしるしとして神器をニニギノミコトに授ける。そのひとつ八咫《やたの》鏡は天照大御神が「唯一我の霊魂《みたま》として我を祭ると同様に祝い祭れ」といわれたもので、伊勢神宮の御神体となる。

日本と大陸・朝鮮半島を比較すると、天孫降臨に似た語りは他の諸地域にも見られる。そもそも西周（紀元前一一〇〇年頃〜紀元前七七一年）においては天の命を受けた王者が地上を治めるという天命思想が生まれる。ただ、この「天命」の受け止め方に差異がうまれる。日本は古代から神々を祭ってきており、天皇も祖神の天照大御神をはじめさまざまな神を祭る。一方、大陸や朝鮮半島の諸地域では諸民族が天を祭っており、統一王朝は王権の正当性を天命思想に求めていたと思われる。さらにある王朝が徳を失うと、天はこの王朝を見捨て、新たに天の元子（跡継ぎ）を認知し、その子孫が代々天子として天に見捨てられるまで天下を統治するという易姓革命《えきせいかくめい》が語られるようになる。

日本においては、天は場所であり、その種族観と結びついてくる。大陸や朝鮮半島の諸地域において、天は世界を掌握する大いなる能力ということになるだろうか。前漢の儒学者であった董仲舒《とうちゅうじょ》（前一七六頃〜前一〇四頃）は「天は君主の道徳性・政治性に一々感応し、災害も異変も天の意志によってもたらされ、国家の運命すらも天の意志に左右される」と論じるなど、天（自然）と人間との間に相関関係があると考え、天象と人事との感応を説き、自然現象の中に天の意思をみる「天人相《てんじんそう》関説《かんせつ》」を唱えている。ただし、近世の本居宣長になると、貴賤君臣の位《くらい》について「その貴きは徳によらず、もはら種によれる事」（『くず花』）といって、伝承された血族こそが大事だとして、正史以外の一部のテキストにすぎなかった『古事記』の天孫降臨を当時の人びと皆に関係づけていく。

もちろん、日本列島においてすべて天孫降臨に関係づけられていたわけではない。富士山などいくつかの山に山宮信仰・山宮祭があったと柳田国男は指摘する（『山宮考』）。それだけではない。元来の山宮祭では、その祭りに祖先の葬りも共通して行われていたが、仏教渡来以後、祭場と葬所の紐帯《ちゅうたい》が切断されて、神社神道が死穢《しえ》・触穢《えしょく》を避け、仏教が葬の側に向かうことになったのだ、と柳田を引きながら谷川健一は指摘する（『日本の神々』）。個々の分析はともかく、大摑《おおつか》みに、祭祀をめぐって神道と仏教との分離が行われたことは確かだろう。分離によって発生する世界観はさておき、まず天地における人間は、神道においてより天に向かい、仏道において地に向かったのかもしれない。ただ、どうであっても、根底において両者はつながっていたのだろう。

天子の役割

北アジアの諸地域においては、西周になると天命を受けた王朝が地上を治めるという天命思想が生まれて広がるなど、天地のあり方においてとくに天命を担う者に、治める能力や道徳が求められることが多かった。日本においても、天と地はさまざまなとらえ方をされていたが、担う者の道徳を求めるより、まず天と地をめぐり「天神地祇《てんじんちぎ》」の祭祀が広がる。この広がりを示す言葉として崇神天皇の記録がある。崇神は、三世紀半ばに実在した人物と考えられ、「神々の祭祀」を形成したとされる。いま『古事記』からそれを引くと、

此の天皇の御世に、役病《えやみ》（流行病）多く起りて、人民死にて尽きむと為し。爾に天皇愁ひ歎きたまひて、神牀《かむどこ》に坐しし夜、大物主大神、御夢に顕《あらは》れてたまひしく、「是は我が御心ぞ。故、意富多多泥古《おおたたねこ》を以ちて、我が御前を祭らしめたまはば、神の気起こらず、国安らかに平らぎなむ」とのりたまひき。

とある。夢にあらわれた大物主神が、病が広がったのは自分の心から来る、意富多多泥古によって自分をまさに正面から祭るならば、国が平安になるだろう、というわけである。この後、大物主の子孫の意富多多泥古に出会い、これを「神主《かむぬし》」として大物主の前を祭った。さらに、

また伊迦賀色許男命《いかがしこをのみこと》に仰《おほ》せて、天の八十毘羅訶《やそびらか》（たくさんの平瓮＝土の容器）を作り、天神地祇之社《やしろ》を定め奉りたまひき。……悉に遺し忘るること無く幣帛《みてぐら》（神への供え物）を奉りたまひき。此れに因りて役の気悉くに息みて、国家安らかに平らぎき。

とある。「天神地祇」の「社」が供え物を献《ささ》げながら広がっていき、安らかになったのである。こ

こでは、地祇がさらに祭事として広がっていたことがわかる。また天との関係も広がったのだが、この「社」では、少なくとも神社の場合、直接天に向かうのではなく、天皇が日天に向かって祀る流れになっている。

実際、伊勢神宮の外でも、日待ち（＝日祭り）が行われていたが、祭祀対象は天ではなく、天に座《いま》す皇祖神に関係する。日待ちの起源は、第五十二代の嵯峨《さが》天皇（八一〇〜八二四）の御世に天照大御神より託宣があり、吉田家第二十七代の孫に王城の東山に日高見宮を造って、日待ちを行うよう勅命があったことによるが、これは吉田神道によって作られたものである。日待ち前夜は、神道を心得た人の法式に則り、心を清浄にして、眼耳鼻舌身は穢《けが》れに触れないようにして、当日の朝、地面から日天を拝むのである。

また、江戸時代前期の儒学者である貝原好古《かいばらよしふる》（一六六四〜一七〇〇）の著書『日本歳時記』巻之二（正月）に、

また神道家の説には、日待とは天照大神を拝するなり、月待とは月読尊《つくよみのみこと》を拝するよしいへり、天照大神は日の神、月読尊は月の神なれば、かくいへるなり、もし吾邦の法に志たがひ、日月を拝せんとならば、あらかじめ沐浴斎戒し、未明に起て浄衣を著、出る日を拝し、夕に月を拝すべし、日を拝するには朔日《ついたち》を用ひ、月を拝するには十五夜を用ゆべし、かくのごとくにして拝するには、理において害なかるべし、……天子にあらずして日月を祭る事はおそるべき道理

あり……

とあり、天を直接祭ることが許されるのは、天子のみである。この書は一六八八年に出版されたものであるが、文中では天皇ではなく、天子という言葉が使われている。

ここで、天子についての中国と日本の相違点を考えてみたい。中国の場合、天子は天の意思を担った天子であり、求められる徳を失えば交代させられる人間である（易姓革命）。一方、日本の場合、天照大御神は太陽神であり、天子の祖神なのであるから、天子は太陽神の子孫ということになる。太陽神の子孫であるにもかかわらず、なぜ日本人は天子や天皇など「天」という言葉を使ってきたのか。「場所とその場所に座す神」が「二つの事物の隣接性」に基づいて、一方の事物を表す形式（この場合は「天」）を用いて、他の事物（この場合は「太陽」）を表すメトニミー現象になっているからなのか、「おてんとうさま」のように天が太陽を表すこともあるように、日本人の天に対するイメージは太陽と重なっているようである（本書「コラム」参照）。

天象と人事との感応を説き、自然現象の中に天の意思をみる「天人相関説」と異なり、日本において天災地変は神の意思の現れであり、天皇がその責を負い、不徳を反省するとともに祭祀と仁政に努めている。天皇は神仏に祈願しているのであって、天というより天に座す神仏に対して許しを請うている。天平年間（七二九～四九年）に起こったに天災地変に対し、読経や仏寺の造営を行い、仁政として課役の減免や大赦《たいしゃ》などを行っている。

二　天のとらえ方の変遷

日本では、天に座す太陽神として「天」をとくに伊勢と関係づけながら、手元の「地」において祭祀を行っていたといえる。ただ、十三世紀以後、朱子学が禅僧によって鎌倉・南北朝期に導入されるとともに、漢学色の強い「天」が立ち現われてくる。とはいえ、北畠親房《きたばたけちかふさ》（一二九三〜一三五四）『神皇正統記』（一三三九年頃）は、

唯我国《ただわがくに》のみ天地《あめつち》ひらけし初《はつ》より今《いま》の世《よ》の今日に至るまで、日嗣《ひつぎ》をうけ給ふことよこしまならず。一種姓《いちしゅしょう》の中《なか》におきてもおのづから傍《かたわら》より伝へ給ひしすら猶正《なおせい》にかへる道《みち》ありてぞたもちましくける。

と日本（我が国）だけが天地からの日嗣《ひつぎ》を継承したという「正統」性を主張し、それに従うべきだ、と考えている。この「一種姓」という考えは、天命であっても革命を認めるものではない。その意味では天皇論であり、万世一系のはっきりと表立った指摘だといえる。

これに対して、武家は天皇や仏教勢力を超越しうる思想的拠り所を「天道」に求めることがあるようで、戦国大名は下剋上の風潮のなかで「天道思想」を持ってくる、と指摘される。神田千里は

中世末期の「天道」の特徴として、「①恩寵《おんちょう》と冥罰《みょうばつ》の摂理」「②〈恩寵＝神仏の加護〉という認識」「③世俗道徳の遵守が加護の要件」「④外面的行動より内面的倫理の重視」を挙げている（「中世日本の在来宗教とキリスト教」）。

キリスト教が日本に入ってきた十六世紀、キリシタンはデウスを天道と呼んだというが、これはキリスト教の創造神的神観念が天道に近いという認識があったからだろう。また、キリシタンに関心を持っていたといわれる吉田神道の神概念も天道に近く、「天」が世界を掌握《しょうあく》する大いなる存在という位置づけに近づいてくる。

また、慶長五年以後元和五年以前（一六〇〇〜一九）の作と推定されている教訓的な仮名草子《かなぞうし》である『心学五倫書《しんがくごりんしょ》』は、著者・成立ともに未詳であり、現段階での最古の版本は一六五〇年のものであるが、江戸時代を通じて出版され続け、「天道」にかなう生き方を説いている。

天の本心とは、天地の間にある程の物をさかゆるやうにめぐみ給ふなり。……天は天地のしだいみだれずして日月昼夜のおこなひをもつて、人間より鳥類畜類草木に到るまで、雨露の恵みをもつて、やしなひたつる、天の行礼なり。国に生ずる程の、米穀は、一国の人をやしなわんために、天より生じたまふなり。

とあり、「天」は恵みを与える存在である。つまり、天＝自然、天道＝自然の摂理のように考えられているが、天の本心を裏切れば天罰を下すという擬人化した天でもある。天の心にかなった行いとは、唐にては儒道、日本にては神道と見、名は替《かわ》っても、心は一つであると説いている。ここでは、天と天照大御神が同一視されているわけではなく、天照大御神は天の心にかなった存在として語られている。神話を離れるとき、天は神々の座す所から、主宰者、さらに創造主という絶対的な存在へと意味が拡張していく。しかし、現実と無関係であるわけではない。物事を意味づけさらに育《はぐく》む物となる。この生産・育成の面をとらえるとき、天地と呼ばれる。いずれにせよ、次第に万物を秩序づける基礎のような意味を帯びるにしたがい、主体性や活物の根源性を帯びてくる。天地は自然を育む存在となり、その一部である人間も天によって使命を抱き、それに背けば天命が、あるいは天罰が下る。

中国の戦国時代の思想家である孟子（前三七二～前二八九）は、このような天命観を持ちながら、天と人とを性の観点から論じ、人間の性は天からうけたもので、本性は善であり、人間は努力によって徳を積めば天に近づくと唱えた。つまり、天には世界を統一し秩序づけている則があり、人は天によって与えられる本質として「性」がある。人の心には性（仁・義・礼・智・信などの五常）と情があり、心が性を実現するのであり、天道に近づくことが人間的修養であるというのである。

三　天と神の関係

天は「場所→太陽神→万物を統率する絶対的存在」となり、自然の摂理そのものとして把握されるようになると、それにともない神の位置づけも変わってくる。天が唯一の存在である一方、神は「神話の神々→天によって与えられた万物に宿る理そのもの」となり、複数存在する。つまり、神には、八百万《やおよろず》の神というように多くの神々が存在する。また、人は天に即した理に近づけるよう努力する存在であり、その結果、理である神は多くの人びとに分有されることとなる。先に見た『心学五倫書』は、江戸時代を通じて出版され続け、「天道」にかなう生き方を説く。

人の心はかたちもなくして、しかも一身のぬしとなり、爪の先髪筋のはづれまで、此心行《ゆき》わたらずと云事なし。此人のこゝろは、天よりわかれて来て、我心と成なり。本は天と一体の物なり。

天は、事物や事象の働きを秩序づけている実体のない存在であり、身は天から分かれてきた心によって働ていると説いている。ここで説かれている心は天から分かれてきた性（＝理）を有しているとも言える。そして、天命を果したもの、つまり性（＝理）を実現できたものは、天に帰れるのだが、そうではないものは地をさすらうことになるとある。

儒家神道のように理を神と考えれば、人びとに神が宿るのである。さらに、吉田神道を継承した吉川神道は儒教的な考えが付加された神道で、天である高天原は物理空間的な場ではなく、清浄なる神の居場所であり、神の留まるところであるとしている。人に清浄心があればそこは天であり、そこに神がいると考える。天や神が人間の内面に位置づけられるようになると、天や神は抽象度を増し、とらえにくくなる。あえて天と神の関係を示すなら、「天というところに神がおはす」というよりは「神々がおはすところに天が実現される」ということになるだろうか。以上に必ずしも収まらない仏教・仏道の働きもある。これも見ておこう。

四　天と地と仏教

六世紀に公伝した仏教は、天の上に仏の世界を、また地の下に地獄など救われない世界をとらえ、そこに神々を吸収、統合していく。仏教の天は、サンスクリット語 deva の訳で、神を意味し、バラモン文化の影響の下、仏教に取り入れられる。つまり、天は神である。仏教が広まるにつれて、各地域の神が仏、または仏法を守護する神として、天と名づけられる神になる。仏教に取り入れられ、護法神となったインド古来の神々は、「貴顕《きけん》天部」と「武人天部」に分けられる。その中で「天」と訳されれのは、後者の「武人天」に入る四天王のほか、前者の「貴顕天部」に入る帝釈天《たいしゃくてん》、吉祥天《きっしょうてん》、弁財天《べんざいてん》、伎芸天《ぎげいてん》、大黒天《だいこくてん》など日本でも馴染み深い。

日本においては仏法を守護する神（～天）として、四天王（広目天《こうもくてん》・増長天《ぞうちょうてん》・持国天《じこくてん》・多聞天《たもんてん》）や帝釈天などが有名である。本尊を四方から囲んでいる武将の姿の四天王は社寺でよく見られる。帝釈天と言えば、柴又帝釈天が有名だが、ヒンズー教のインドラ神が仏教に取り入れられたものである。帝釈天に仕えるという四天王は、持国天が東方を、増長天が南方を、広目天が西方を、多聞天が北方を守護するとされる。毘沙門天《びしゃもんてん》は多聞天の異称であるが、桓武天皇政権下（在位七八一～八〇六年）における東北地域への進出にともない、信仰が盛んになった。また、上杉謙信は熱心な毘沙門天の信仰家として有名である。時代を超えて四天王像は造られており、運慶一門による作（一二一二年頃）といわれる興福寺の多聞天、持国天（伝広目天）、増長天（伝持国天）、広目天が邪鬼を踏みつける勇ましい姿は、二メートル前後の巨像である。

仏教の来世観に六道輪廻《ろくどうりんね》がある。六道輪廻とは、六道の間を生まれかわり死にかわり続けることだが、六道とは、地獄・餓鬼・畜生・修羅・人間・天である。

人間界も天界も迷いの世界であり、修行を重ね解脱《げだつ》を目指すのであるが、天界はインドの神々の世界であり、怒りや争いが無くなっていない。天界の神に位置づけられた菅原道真の怒りは、雷神となって御所を襲ったり、藤原氏に襲いかかったりしたのかもしれない。しかし、祀られることによって、人間に福をもたらす神へとなっていったのだろう。いまでは、学問の神として尊崇《そんすう》されている。

日本では古来、天神は地神に対する「天の神」の意味だったようだが、鎌倉時代以後、人の神霊を指すようになる。菅原道真の神霊は、十世紀後半「天満大自在天神」という称号が一般化するが、これは「天満大自在天」という名称に「神」がついた言葉であり、天満大自在天という神なのであるが、天部に属する神という位置づけだったのだろう。その後、「天満大自在天」の天のみが神と結びついて、天神となったという（『歴史学事典』8、弘文堂、「人と仕事」項）。

いずれにせよ、用語からみても天神は地祇《ちぎ》と無関係ではない。神霊は地霊、あるいは地の神とも関係するだろう。仏教用語からは、地蔵菩薩《クシティガルバ》に向かうことになる。クシティガルバは大地・胎内・子宮といった意味をもつ。あるいは密教は曼荼羅《まんだら》（悟りの境地を象徴する諸仏・神々を網羅して描いた図像）を二つの両界に分けて、金剛曼荼羅と胎蔵曼荼羅とする（金剛曼荼羅とは全体を九等分した上段中央位置に大日如来が置かれ、その九つには大日如来の智慧が示されている。胎蔵曼荼羅とは全体の中央に大日如来を象徴する図が置かれ、その周囲に多くの仏が描かれており、大日如来の慈悲・真理が示されている）。地蔵はその胎蔵をより選んだものだったと見える（第1章参照）。ともかく、この両方（両部）を担ったところに「命」がとらえられていたようである。

これは、生と死の問題にも関係する。葬式において「埋葬」は、身体の全体あるいは一部を対象として行われるが、それは排除だけを意味するのではなく、地蔵への関係づけであり、そこから天地また天への再生がとらえられていたのだろう。日本では道祖神《どうそじん》が民俗的に広がり、また観音・地蔵・不動の菩薩が尊ばれていた（石田哲弥『道祖神信仰史の研究』、速水侑『観音・地蔵・不動』）。地はただの地面ではなく、産霊《むすひ》を帯びた生がそこに感じられていたことは確かである。

【討論テーマ例】

1　天国または地獄とは、どのようなところだと思いますか？

2　あなた自身、天国に行けると思いますか、思いませんか？　なぜ、そう思うのですか？

3　不道徳な行《おこな》いをした者には天罰が下ると思いますか、思いませんか？　なぜ、そう思うのですか？

4　中国の天子は、天の意思を担っており、求められる徳を失えばその地位を交替させられる人間ですが、日本の天子は、天照大御神（太陽神）の子孫であり、血筋を重視します。これについて、あなたはどう思いますか？

5　儒家神道は人びとに神が宿ると言っていますが、神が宿った状態とはどのような状態だと思いますか？

【キーワード】

天孫降臨、易姓革命、天神地祇、天道、四天王

第6章　道徳と人間

人びとは人間に対してどのようなことを求めてきたのだろうか。どのような人間が尊敬され、どのような人間が軽蔑《けいべつ》されてきたのだろうか。また、人間としてあるべき姿とはどのような姿なのだろうか。また、人間として許されない行いとはどのような行為なのだろうか。これらは、時代によっても、また地域によっても、異なるだろうが、どの地域においても、いつの時代においても共通する普遍的なものは存在しないのだろうか。絶対に普遍的だとまではいえなくても、どこにも通ずる妥当なものがまったく無いとは言えないのではないか。

夏目漱石『こころ』（第3章参照）で、じつは先生は、友人のKも思いを寄せるお嬢さんとの結婚を、Kに内緒でお嬢さんの母親に承諾してもらう。その後、先生がKにまだ自分とお嬢さんとの婚約について話さずにいるうちに、お嬢さんの母親がKにそのことを話してしまう。しかし、Kがいつものように先生と接していたために、先生は、Kが知っているとは知らずに数日過ごすことになる。そしてお嬢さんの母親からKがすでに知っていることを告げられると、次のように心境を述べる。

彼と私を頭の中で並べてみると、彼の方が遥《はる》かに立派に見えました。「おれは策略で勝っても人間としては負けたのだ」という感じが私の胸に渦巻いておりました。

そして、Kは自殺してしまうわけだが、先生はこのような状況においてさえ「私はついに私を忘れる事が出来ませんでした」という心境にある。ずっと変わらない自分だったわけである。また、Kの先生宛の遺書に先生にとって辛い内容が書かれていないことを確認すると、助かったと思ってしまう。「人間として負ける」の「人間」、「私を忘れることができなかった」という「私」は、相対していると思われる。つまり、人間としてどう生きるべきかという何かは、私によって実現されないのである。心の中でいったい何が起きているのだろうか。

イマヌエル・カント（一七二四～一八〇四）は、人間は感性的存在である一方、理性的存在であり、欲望を満たそうとする自己が、理性的存在者すべてに通用する道徳にしたがうには、努力が求められるとする。さらに、カント倫理学は人間の行為をその外側に現れた姿にしたがって裁くのではなく、意志決定の段階にまで遡《さかのぼ》ってみずから裁くものである。道徳的行為を行えばみなに尊敬される人間と見られるだろうなどと予想しながらなされた行為は、道徳的行為とは言わないのである。つまり、表面的には道徳的行為であったとしても、それが本当の理性による道徳ではなく、ただ感性的欲求に従う動機からなされたものであれば、道徳的とは言えないのである（『道徳形而上学の基礎づけ』）。

カントは、自分を認識している自分自身についての意識があって、はじめて対象認識が可能になると考えている。この場合、自分が感性的欲求にしたがう自分を対象として認識しているわけであり、感性的欲求にしたがう動機からなされた道徳的行為は真の道徳的行為ではないと自分が判定するのである。つまり、自分で自分を騙《だま》すことができないというわけである。反省は、過去の自分を現在の自分が客観的にとらえるからこそ可能になるのである。

夏目漱石の『こころ』に登場する先生は、かつての自分を感性的欲求にしたがい、理性的存在者すべてに通用する道徳にしたがえなかった愚《おろ》か者として認識している。だから人間としては負けた、と述べている。先生は、人間が感性的存在である一方、理性的存在であり、理性的存在でありたいと思うからこそ葛藤《かっとう》するのである。

では、理性的存在である人間がする道徳的行為とは、どのような行為なのか。われわれ人間はどのようにそれを知ることができるのだろうか。以下、まず言葉となった道徳の形態を見てみる（一節）。さらに、道徳心がどのように育まれてきたのかという歴史を辿り（二節）、そして最後に、戒律にもふれ、社会のあり方についても考える（三・四節）。

一　道徳をめぐる言葉の歴史

日本人の道徳観を時代とともに把握した和辻哲郎『日本倫理思想史』を参考に、日本人の道徳観の歴史を、その言葉・概念を中心にとらえてみよう（以下、道徳に関連する言葉に傍線を付す）。

古代

まず、和辻は神話伝説に表れた道徳として、「清明心」「慈愛の尊重」「社会的正義」を挙げている。「清明心」、つまりキヨキ心、アカキ心は、全体性の神聖な権威への帰依《きえ》であり、私心を捨て公に奉ずる態度、心構えである。そして、無私の「慈愛」が共同体の成員を生かし、協和と公正を生み、「社会的正義」を実現する。この清明心、慈愛の尊重、社会的正義の三項目は、後代へと展開していくまさに倫理思想の芽生えであると述べている。そして、祭祀的統一から政治的統一へと向かう過渡期である大化の改新以後の政治には、聖徳太子の「憲法十七条」の精神、官吏《かんり》としての道徳的な心がけが感じられる。「憲法十七条」には、儒教や仏教の影響が見てとれるが、全体を通じて和の精神が貫かれている。和というのは、単に従順であるということではなく、協調しつつ論議し、事理にいたることである。また、律令国家時代における宣命（天皇の命令を宣べ聞かせること）や律令からは、仁政によって正義を実現しようとする姿勢や法に従う統治を重要視していることがわかる。その臣下に求める資質は、正しさ、公平、仁愛である。

中　世

土地の私有化が徐々に進んでくるとともに、武士階級が成長してくる。そこでは、主従関係における献身が社会にしみこんでくる。献身の道徳は、利己主義の克服、無我の実現を中核とし、主従はお互いを生かすために自己を犠牲にすることをいとわない。

律令に反する守護・地頭制度が展開される中で、鎌倉幕府の基本法である「貞永式目《じょうえいしきもく》」が生まれるが、ここからは裁判の公平や人権の尊重が見てとれ、武士が公正無私の人倫国家を目指していたことがわかる。また、仏教は元来、出家・脱世間を説くものであるが、鎌倉仏教においてはより慈悲を説く。絶対者との関わり方の相違によって他力・自力の立場があるにせよ、また国家救済を説く日蓮宗にせよ、どれも慈悲を目指していたと言える。

その後、全国的な主従関係による統制は徐々にゆるみはじめ、二度に及ぶ蒙古《もうこ》襲来《しゅうらい》（元寇）を契機に幕府は弱体化し、足利尊氏の挙兵により滅んでしまう。そして、後醍醐《ごだいご》天皇による新政を経て南北朝の時代となる。

その頃の史論書である北畠親房《きたばたけちかふさ》著『神皇正統記《じんのうしょうとうき》』（一三三九年・一三四三年修訂）は、三種の神器と正直・慈悲・智慧を関連づけて古代精神の復活を謳《うた》い、軍記物語『太平記』（一三六八〜七五年の成立とされる）は天皇尊崇や人倫国家の理想を人びとに意識させ、後代に大きな影響を与える結果となる。

室町時代には、南北朝時代の武将・歌学者で足利幕府に仕えた今川了俊《りょうしゅん》（一三二六〜一四二〇）が『今川状』を通して、正直、公正、慈悲、報恩などを説き、また、室町幕府の管領《かんれい》で足利義詮《あしかがよしあきら》・義《よし》満《みつ》・義持《よしもち》の三代将軍に仕えた斯波義将《しばよしまさ》（一三五〇〜一四一〇）が教訓書『竹馬抄《ちくばしょう》』を通して、正直・慈悲に基づく行儀作法や武士の心がけや人格の修養について説く。

その後、室町中期の公家で学者であった一条兼良《いちじょうかねよし》（一四〇二〜一四八一）が足利義政《よしまさ》の子、足利義《よし》尚《ひさ》のために書いた『樵談治要《しょうだんちよう》』や、足利義政夫人・日野富子《ひのとみこ》のために書いた『小夜《さよ》のねざめ』からは上層の支配者階級や知識階級の人倫的思想が窺《うかが》われるが、当時の謡曲や物語からは庶民の意識が見てとれる。謡曲からは天皇崇拝の感情や正直・慈悲の理想が窺われ、武者に関しても欲を抑え、道を貫く人倫的理想を見ることができる。

軍記物語はどうだろうか。室町前期、源義経の悲劇的な運命を描いた『義経記』（作者・成立ともに未詳）や、曾我《そが》兄弟の仇討《あだうち》を描いた『曾我物語』（作者未詳、鎌倉末期〜室町前期）からは献身の道徳が見てとれる。献身的奉仕精神は武士の理想であったが、武田信玄を中心とした甲州武士の事績・心構え・理想を述べた江戸初期の『甲陽軍鑑《こうようぐんかん》』（江戸初期、小幡景憲《おばたかげのり》編纂説が有力）になると、君への献身よりも、正直・慈悲・智慧を貫徹することによる自敬や高貴性を志向している。

武田信玄や上杉謙信をはじめとする戦国武将は仏教に傾倒していたが、新興武士は一向一揆や本願寺など仏教の精神的指導勢力を崩壊すべく戦わざるをえなかった。徳川家康はキリスト教や仏教の勢力を抑え、儒教でもって武士階級の精神的指導を行おうと儒学奨励に動き出している。家康から家綱までの四代の将軍の侍講を務めた儒官・林羅山《らざん》は、朱子学を軸に人倫の道の実現を説く。民間においても、孝を道理とし、あらゆる階級に通じる人倫を説く中江藤樹《なかえとうじゅ》（一六〇八～一六四八）や、士農工商において人倫を実現する職分である武士の有様として士道を説く山鹿素行《やまがそこう》（一六二二～一六八五）など、鎌倉時代とは異なる武士像が生まれつつあった。

ただ、殉死《じゅんし》（主君の死を追って臣下が死ぬこと）や敵討《かたきうち》も依然として行われており、赤穂義士《あこうぎし》が一般民衆から喝采《かっさい》を浴びるなど主従関係における献身も持続していた。赤穂義士とは、主君・浅野長矩《あさのながのり》の仇《あだ》を討つために、元禄十五年十二月十四日（旧暦）夜、吉良《きら》邸に押し入って敵《かたき》の吉良美央《よしひさ》を殺害した武士たちのことであるが、この史実は浄瑠璃や歌舞伎をはじめ、映画やドラマを通じ、現代にいたるまで日本人の心に深く刻まれている。

儒学からの道徳また政治

近世には、現実の世界の意味が大きくなり、そこに儒学が強く関わってくる。当時前提となった儒学は最初朱子学だったが、これを手元の気持ちから変化させるようになる。元禄時代の京都の伊藤仁斎や正徳・享保時代（十八世紀初め）の江戸の荻生徂徠は、朱子学に疑問を呈《てい》し、古典を学問的に考察する。朱子学は天下と合一しながら治者（政治家）となる枠組みをもっていたので、それは日本では適合せず、観念的なものと考えられたのである。ただ、朱子学に批判的であっても、そこに含まれた実際の五倫、五常など重要な徳目は広がることになる。

五倫とは人間関係の基本であり、父子の親、君臣の義、夫婦の別、長幼の序、朋友の信のことで、父子の間には親愛（親は慈愛、子は孝）があり、君臣の間には礼儀（主君は礼儀、臣下は忠義）があり、夫婦の間には区別（夫には夫の、妻には妻の本分）があり、長幼の間には順序（長者が先、幼者は後）があり、朋友の間には信義（言葉と心の一致）があるということである。また、五常とは仁・義・礼・智・信のことで、孟子は四端《したん》の心（生まれながらにして人に備わっている心――他者の不幸をあわれみいたましく思う「惻隠《そくいん》の心」、自他の悪を恥じにくむ「羞悪《しゅうお》の心」、へりくだりゆずる「辞譲《じじょう》の心」、正・不正を見分ける「是非《ぜひ》の心」）を仁・義・礼・智の端緒《たんしょ》とした。

伊藤仁斎は、孔子が説く日常生活と道を結びつけること、また孟子の天下のもとでの道徳説を評価した。四端の心が拡充《かくじゅう》し、実現するという五常（仁・義・礼・智・信）のなかで、とくに仁を活物観につながるものとして重視した。惻隠の心（あわれみ、思いやる心）が身近な人間関係から他者へも拡大し、仁となり、人倫が充実するというのである。拡充とは、学問により、孔子が説いた道を自覚し、意識的に行われる行為である。一方、道を聖人によって人為的に作られてきたものとする荻生徂徠は、道を長養《ちょうよう》（やしない、そだてる）とし、この道を実現する徳を仁とした。ただし徂徠は、道徳が個々人のものや観念であるならば意味など無いと考え、さらに礼楽刑政すなわち祭祀や政治的な枠組みこそが治の基本と考えた。

江戸中期の思想家で実践的倫理思想を説き、町人層に歓迎された石田梅岩《いしだばいがん》（一六八五～一七四四）は、士農工商に共通な理として倹約を挙げ、倹約の本《もと》として正直を説いた（石門心学）。本居宣長になると、徂徠の影響を受けながら、さらに儒学の観念論を漢心だと批判し、手元の歌や祭りこそが大事だと、その伝統として『古事記』や和歌を重んじる。このような考えは、近世後期の神道にも受け入れられるようになった。

幕末は、西欧の軍事と文明が訪れはじめ、これに対して尊皇攘夷《そんのうじょうい》（天皇を尊び夷狄《いてき》を斥《しりぞ》ける）を考える人びとが現れ、危機感をもった儒学や神道が熱気を帯びる時期であった。この時期に儒学を背景に活動した者として吉田松陰《よしだしょういん》（一八三〇～一八五九）が有名だが、彼に影響を与えたものに後期水戸学と呼ばれる学問がある（第4章参照）。その重要な論者として会沢正志斎がいる。彼は、鎖国論ではなくむしろ開国を考えるが、国がまとまることが大事だと「国体」を位置づける。宣長がとらえた天皇からの伝統を皇祖として重視するとともに、しかし宣長のような儒学否定ではなく、そこに朱子学的な道徳や徂徠学からの祭祀を結びつける。忠孝一致を説き、個々の道徳と政治的な忠誠との結合を主張する。この後期水戸学の考えは、後の開国後、明治二十年代の大日本帝国、とくに教育勅語などの前提にもなった。

幕末の儒学からの重要人物として、横井小楠がいる。一八〇九年に熊本藩士の家に次男として生まれた小楠の思想は、儒学を基底に李退渓《イテゲェ》（李氏朝鮮時代の儒者、一五〇一～一五七〇）に影響を受けた大塚退野《おおつかたいや》（熊本藩儒、一六七八〜一七五〇）の系譜であるといわれる。後に小楠は福井藩の政治顧問となり、人びとが議論しながら天下のもとで「国是」を決めるべきだ、と述べる。この考えは、明治はじめの「五箇条の誓文」にも影響を与えたといわれる。小楠は、ただ軍事否定や鎖国論ではなく、西欧に対抗するだけの海軍強化とともに開国を主張する。その国は、「天地の正理」「自然の道理」をもった国である。その形は、かつて中国大陸の「唐虞《とうぐ》」（聖人、堯《ぎょう》・舜《しゅん》などが治める）の次の「三代」（夏・殷・周であり、禹《う》、湯、文・武・周公などが治める）にならって、仁義の国であっていいと強調した。外国貿易においても、「信を守り義を固く」といった経済倫理を踏まえた通商を主張する。西洋が心徳の学ではなく、事業の学であるために戦争が絶えないのであって、日本は戦争を起こさないように調停の労をとり、各国がナショナリズムを超越できるよう、仁政を推し進めるべきであるとした（『国是三論』）。

明治以後は、文明が大きく広がる。福沢諭吉は『文明論之概略』を著す。儒学が説いた上下貴賤の名分を否定し、人は生まれながらにして差別なく、みな同じであると説くなど民衆の啓蒙に努めた。そして、他人を不幸に陥れる怨望《えんぼう》（うらむこと）を悪徳として挙げ、人びとの自由な言動と自主性を妨げることがないように説いた。

その後、欧化一辺倒の反省を経て、明治天皇によって明治二十二年（一八八九）に「大日本帝国憲法」、明治二十三年（一八九〇）に「教育勅語」が直接、臣民へと下賜《かし》される。そして、勅語の注釈書を当時、東京帝国大学教授だった井上哲次郎《いのうえてつじろう》（一八五五〜一九四四）に依頼、明治二十四年（一八九二）に『勅語衍義《ちょくごえんぎ》』が出版される。「教育勅語」では、「我が臣民、克く忠に克く孝に、億兆心を一にして、世々厥《そ》の美を済せるは、此れ我が国体の精華にして、教育の淵源、亦実に此に存す」と説く。いわば、水戸学的な忠孝一致が「国体」としての「精華」「淵源」になる。これは、昭和十六年（一九四一）の国民学校令施行規則にいたるまで修身科の授業に組み込まれて使用される。そして、昭和二十一年（一九四六）「勅語及詔書等の取り扱について」において「教育勅語」は失効し、公的・特権的役割を終える。

戦後、さらにいま現在、道徳はどうなっているのか、またこの問題を最後に考えてみたい。

二　育まれる道徳の心

神心の伝播《でんぱ》と供養としての祭祀

前節では、道徳観がはっきり見える言葉の世界を追ったが、それは日本ではかなり漢字文化の中にある。ただ、はっきり言葉に出さなくても営みとして含まれていることはある。するとそれは、かなり祭祀に関わる道徳的な心を見ることにもなる。

古代において、自然は神々が領有する世界であり、自然災害や疫病《えきびょう》は神の祟《たた》りとされた。神の祟りは、人間の自然への侵犯、祭祀の欠如に対する神の怒りの現れと理解されていたのである。そこから、国の安定を維持するために、天皇への神の祟りを予知し、特定する卜占《ぼくせん》が行われる。その神が特定されるようになると、神霊を鎮めるために、特定の諸神へ幣帛が供えられ、祭祀が行われるわけである。

神の怒りの現れ、と指摘したが、その現れ方は一つではない。神は、ある時は夢に現れ、またある時は人に乗り移り、みずからの意志を伝える。たとえば、記紀に述べられているように、大物主神《おおものぬしのかみ》は疫病を発生させ、その鎮圧に悩む天皇の夢にあらわれ、みずからの子孫による自身への祭祀を望んだ、という。菅原道真は政治闘争に敗れて大宰府に左遷され、死後怨霊となるが、京都に住む女性に自身を祀るよう託宣を下す。

人間は祭祀を通して神と向き合ったのであるが、中世以後になると、かなり一般的に、人間がいかに神と向き合うかという心の問題が取り上げられるようになり、人間の正しい生き方が求められるようになる。

神と向き合う

中世末期、神道を組織的に普及させた吉田家は神職免許を与えた神職や出版を介して、神道教化や「三社託宣《さんしゃたくせん》」を全国に頒布《はんぷ》するなど道徳向上の努めを一般に広げる。

「三社託宣」とは伊勢・八幡・春日三社の託宣（神のお告げ）の形で正直・清浄・慈悲の徳目を説いたもので、室町時代から江戸時代にかけて広く普及し、掛け軸などにされて信仰された。鎌倉時代には別々に存在していた託宣が三社託宣として普及し、江戸時代にはその信仰が庶民層まで浸透し、多くの解説書も出版され、庶民教化に一役買っている。観光地においても三社託宣に関する史跡などを見ることも多い。

それは心のあり方をめぐっての、その修養やそこでの掟にもなる。中世神道を集成し、伊勢神道や吉川神道をも組み込んだ山崎闇斎の垂加神道《すいかしんとう》は、神が来臨し加護するには人が祈禱し、正直でなければならないと説く。儒家神道においては「神＝理」という考えがあるが、心に理が発現するには、心がどのような状態でなければならないのか。そのような状態に心を導くには、どのような修養をするべきなのか。日本朱子学は朱子学の窮理（外部の理を知ることを目的とする）より居敬（人の内面の確立を目的とする）を重視した。居敬により心を充実させ、人間のあるべき姿である理（性）と向き合うのである。

道徳教育の流れ

十八世紀になると教育熱が高まり、幕府や諸藩の藩校、寺子屋では官学であった朱子学を取り入れていく。地域の文人が『論語』を聖書とし、儒学の書である四書や五経の文言の解釈が話題になるほど儒学への関心が広がったのは、家の存続のために優秀な子弟を育てるためであった。その際、知識だけではなく躾《しつけ》も重視された。初学者向けの教育書『小学』にふりがなを付し、だれもが読みやすくなるように出版された『小学余師《ししょう》』が寺子屋の師匠の間で広く読まれていることが当時の資料からわかる。また、藩校においても会津藩の「什《じゅう》の掟《おきて》」などから躾の徹底した教育が見てとれる。

具体的に見てみよう。

次の記述は、「えにしの資料館」にある会津藩の「什の掟」である。

六歳から九歳までの会津藩士の子どもたち（男子に限る）は、町ごとに十人前後でグループを作っていた。この集まりを「什《じゅう》」と呼んだ。会津藩では、藩士の子弟は十歳になると、藩校日新館に通った。九歳以下の子たちが集まる「什」は、日新館入学前に、会津武士の〝心構え〟を身につけさせるための、ある種の幼児教育の場だった。毎日順番にグループの家に集まり、そこで、リーダーである什長《じゅうちょう》が「お話」をする。これを「お話の什」と呼んだ。什長が申し聞かせる「お話」は、以下のようなものだった。

一、年長者（としうえのひと）の言ふことに背いてはなりませぬ
一、年長者にはお辞儀をしなければなりませぬ
一、嘘言（うそ）を言ふことはなりませぬ
一、卑怯な振舞をしてはなりませぬ
一、弱い者をいぢめてはなりませぬ
一、戸外で物を食べてはなりませぬ
一、戸外で婦人（おんな）と言葉を交へてはなりませぬ

そして、最後に「ならぬことはならぬものです」と、厳格に教戒する。

明治になると、先に触れたが、明治二十三年（一八九〇）、儒学の影響を受けつつ「忠」と「孝」を軸に据える「教育勅語」が明治天皇より下賜《かし》される。この内容は、天皇の有徳と臣民の忠誠が「国体ノ精華」であり、同時に「教育ノ淵源」であると説いた第一段、父母への孝行や夫婦の和、朋友の信、民衆への博愛、学問修養、徳器成就、遵法精神、公益世務、危急の場合は進んで国と天皇家を守るべきことなどの徳目を示した第二段、これらの徳は「皇祖皇宗ノ遺訓」に発し永遠に遵守されるべきであると述べた第三段からなる。「教育基本法」の成立と占領軍の指導により昭和二十三年（一九四八）に失効するまでの五十数年間、修身などの学科に組み込まれ、時代による補完をくりかえしつつ、道徳教育に影響を与え続ける。

さて、その後の道徳教育はどうなったのだろうか。道徳教育は紆余《うよ》曲折《きょくせつ》を経ながら、小学校は平成三十年（二〇一八）度から、中学校は令和元年（二〇一九）度から特別の教科になったというが、いったいどのような教育が行われているのだろうか。道徳が生まれながら備わっていることが前提で行われる日本の道徳教育は、話し合いに終始してしまう傾向があるといわれるが、心の規範として明示しなければならないことは押さえておくべきだろう。いじめや学級崩壊が叫ばれる現代にあって、一人を多数でいじめる行為は、卑怯《ひきょう》であり、恥ずべき行為であることを心に刻み、弱者をいたわる心を育てるには何が必要なのか、教材をはじめ教育活動が改善されていくことが期待される。

三　宗教と戒律

日本では多くの人びとが神社仏閣に詣でるが、一方で「日本人は無宗教だ」「私は宗教を信じない」という意見も多い。おそらく、それは宗教に則《のっと》った生活を意識して送っていないからではないか。たとえば、イスラム教徒にとってハラルであることは必須条件であり、戒律に則った生活を送っている。「ハラル」とはイスラム法において合法的と判断される行為であり、転じて、イスラム教徒が食べてもよいとされる食品のことである。一方、日本人は戒律など意識せずに毎日を過ごしており、初詣やお盆などは年中行事化している。その日本人が道徳に鈍感になってしまう傾向は否めない。ただ、どんな宗教も戒律を持っている。それが道徳という側面を帯びた重要な機能や枠組みになっている。

具体的に見てみよう。仏教は「八正道《はっしょうどう》」を実践し、智慧《ちえ》の完成を目指すが、「戒」によって心身を正しく保たなければならない。「八正道」とは、釈迦の最初の説法において説かれたとされる、修行の基本となる八種の実践項目（正見・正思惟・正語・正業・正命・正精進・正念・正定）であり、すなわち、正しい見解・決意・言葉・行為・生活・努力・思念・瞑想をいう（『転法輪経』）。「智慧」とは、みずからの心をありのままに見つめ、我執《がしゅう》を捨てることであり、そこに真理また仏法が叡智《えいち》を帯びて現れ出る。そしてそこに物事への向かい方、よい形の保ち方としての「戒律」

がある。「戒律」「戒」という規則・規律は人のレベルによって分類され、僧侶修行者自身に多くの「戒律」があるが、在家信者が守るべき規則として「五戒」がある。すなわち、「不殺生《ふせっしょう》」「不偸盗《ふちゅうとう》」「不邪淫《ふじゃいん》」「不妄語《ふもうご》」「不飲酒《ふおんじゅ》」である。在家信者はさらに「三戒」（高くて広い寝台に寝ない・身を飾ることをやめて歌舞を視聴しない・昼過ぎの食事をとらない）を加えた「八戒」を六斎日（毎月の八日・十四日・十五日・二十三日・二十九日・三十日）に守らなければならないとも説かれる。

こうした「戒」は、現代社会において守れるのだろうか。みずからが直接関わっていなくとも、普段から肉や魚など食しているということは間接的に殺しているのと同じだとも考えられる。あるいはそもそも酒を飲まなくても、調味料の中にアルコールが含まれ自然と口に入っていることを考えれば、不殺生も不飲酒も厳密な意味では実践不可能なことである。物事が広がる現代社会にあっては実践が難しいものも多いだろう。ただ、それでも、不偸盗と不邪淫と不妄語など、広い意味での道徳律として十分機能しうる。道徳が戒律として宗教と結びついていれば、その拘束力は十分に期待できるだろう。

江戸期に、「戒律」が大事だと主張した慈雲《じうん》（一七一八～一八〇四）という僧侶がいる。彼は、真言宗ながら禅を修行し、神道にも関係した。その『十善法語』では、「からだのおこない」として「不殺生」（むやみに生き物を傷つけない）、「不偸盗」（ものを盗まない）、「不邪淫」（男女の道を乱さない）の三つ、「ことばのおこない」として「不妄語」（うそをつかない）、「不綺語」（無意味なおしゃべりをしない）、「不悪口」（乱暴なことばを使わない）、「不両舌」（筋の通らないことを言わない）の四つ、「こころのおこないい」として「不慳貪《ふけんどん》」（欲深いことをしない）、「不瞋恚《ふしんに》」（耐え忍んで怒らない）、「不邪見《ふじゃけん》」（まちがった考え方をしない）の三つ、これらを合わせて「十善戒」が述べられている。慈雲は、宗派にかかわらず、すべて大切なことが戒律としての決まりをもつ、と考えていたのでは、と思われる。

四　近代社会と道徳

明治維新後、いわゆる近代化がはじまる。そのとき、ナショナリズムを中心に位置づける近代的国家が形成されるが、そこで重要なのは、家族自体でも国自体でもない、社会的組織が広がってくることである。これは会社や教育や組合、また経済活動を見るとよくわかるし、その近代化にまた自然科学が結びついて展開することも大きい。これらの事態は、学問としての法学だけでなく、社会学や経済学や理学・工学などの広がりを思えばわかるだろう。そこに学問や教育が結びついているわけである。

これら近代化によって発生する総体を「社会」「社会的組織」というなら、日本の近代化の特徴はこれら社会的組織が国と結びついて発達した、という点である。この点は、学校や大学やその知識、さらに会社また銀行などが自立しているというより、国との関係こそが深いことに特徴がある。国内にいると何とも思わないし、東アジア諸国も同様だが、アメリカやヨーロッパに行くとすべてそうだとは言えないことがよくわかる。このことは、いわゆる「三権分立」（立法・行政・司法）が必ずしも分立していないことや、メディアといわれる情報がかなり国と結合していることにも見える。これが、道徳や学問や教育について問題となる。

たしかに、「教育勅語」は、天皇を中心とする国家による上からの道徳の伝播だった。そこに、とくに矛盾がないならよいだろうか、もし問題がある場合、たとえば、戦争や経済運動ばかりが第一になって、真面《まとも》な道徳や関係が壊れさえするとき、それをはたして批判できるだろうか。それとは矛盾してしまう真面な道徳や関係を、どのように主張できるのだろうか。第二次世界大戦中、徴集されて戦地に赴いた日本兵が、上官の命令によって仕方なく捕虜を虐待してしまい、戦後に戦争犯罪者として処罰を受けたり、厳しい非難を浴びせられた例は少なくない。その兵士たちは、自身の道徳観と上官の命令とのはざまで苦しんだであろうことは想像に難くない。本章の最初に夏目漱石の『こころ』を見たが、そこでは「こころ」がどこにあるのか、どう位置づいているのか、迷うか悩むかしているのかもしれない。

もう悩みもないのかもしれない。現在、政治家のさまざまな答弁に人びとは何を感じているのだろうか。政治家やその関係者は、自己保身や組織防衛のために答弁を繰り返す。個々人の道徳は、政治を前にして無力なのか。国際社会を見れば、自国第一主義を掲げ、政治においても経済においても摩擦が絶えない。何の反省もなく、このような状況が続けば、地球環境は徐々に損なわれ、人類はいかなる事態に追い込まれるのだろうか。かつて為政者に求められた資質は、有徳であった。いつの間にか実利ばかりに翻弄《ほんろう》される、このような状況になってしまったのだろうか。

振り返ってみよう。大事なことは、たとえば道徳や戒律はどのように可能なのか、意味を持っているのか、である。本書の第4章また第5章では、十九世紀まで「天人相関」「天地人」といった〝天地の枠組み〟があることを見た。それは古いものではなく、思い出してもよいものではないか。道徳などの意味は、人間の気持ちや思考がそこに由来し、それを持つことが大事ということではないだろうか。

もう一つは、この節で最初にとらえた「社会」についてである。日本では、社会的組織が国家と結びついてきたが、その関係が不明になったとき、それでいて社会が自立してはいないとき、物事を決めたり、伝播したり、交流したりする可能性が弱い。そのような状況では、それらを改めて再構成することが大事になる。ということは、天地観のもとで社会的な判断ができることが大事であり、道徳や教育もそこに目的があるのだろう。

近世までは、道徳や戒律が島国においてほぼ成り立っていたようである。近代化においてそれがかなり無くなったのならば、それを改めて再構成するといいのだろう。そのことをまた、国家だけでない人間たちの働きとして社会的に連関させ、生み出すことが大事なのだろう。わたしたちの大学での授業や学習もそのための活動なのだ、と考えられる。

【討論テーマ例】

1　あなたはどのような道徳を大切にしていますか？（たとえば、嘘はぜったいにつかないなど）
2　これまでに受けてきた道徳の授業について、どのような感想を持っていますか？
3　人間関係において、道徳上、何を大切にしていますか？
4　「三社託宣」や「什の掟」など、過去に学べることは何ですか？
5　国の方針がみずからの信じる道徳と相反しているとき、あなたはどうしますか？

【キーワード】

五倫五常、忠義、仇討、道徳教育、戒律、十善戒

第7章　死とは何か、生とは何か

現在の人間は、「楽しい」物事を求めることが多い。ただ、振り返ってみると、人間にはじつは「苦しい」こともよくある。さらに歴史を遡《さかのぼ》ると、従来の人間たちは生活がそれほど便利ではなく、物事はより大変で苦しかったのだろう。だからなのか、古代の仏陀《ぶっだ》は、人間がどうしても持つものとして、生老病死《しょうろうびょうし》の「四苦」を指摘し、楽しければいいとは言わない。むしろ道は苦楽の中道《ちゅうどう》にあり、そこで「目覚める」ことが大事だ、と仏陀は述べている（『転法輪経』）。

では、目覚めるべき物事の内実とはいったい何なのだろうか。たいていそこには人間の心身や態度において、肯定・否定、有無、過不及といった悪循環（迷い）ではない中庸から見出される物事が元来のものとされ、それをめぐる言葉として従来、空・仏法・無・道・理などがとらえ考えられてきた。その「中《ちゅう》（庸《よう》）」は、具体的な行為だが、さらに宇宙の時空によって位置づいており、これらの言葉をめぐって、関係する時空（歴史的世界）や人間の適切な営みが意味を帯びて発見されてきた。

位置づくそれらの言葉はまったく同じではないが、まったく違ってもいない。死と生もおそらく、そのあたりに基本的に関わっている。その死と生をめぐる意味ある時空の具体例のいくつかを、本章ではまたさらに追って見てみたい。

一　人間の有限な生と意味

生老病死にともなう「苦」は有史以来、人間を含めた生物にとっては、個々誰もが普遍的に背負った現象だともいえる。そもそも「わたし」は、今ここで楽に生きているとしても、いつかどこかで必ず老・病・死に出会ってそれらを担《にな》うに違いない。それらがまったくないことはあり得ない。それがまったくないのは、本当の神仏だけかもしれない。しかし、これに対して、生物としての人間が、神仏とも他の生物たちとも異なるのは、地球上に存在するすべての生物の中にいるが、自身が健康で危機に脅《おびや》かされていない平常な時でさえ、想像力や思考を働かせ、自分や他者の生命が有限であり、いずれ終わりを迎えることをあらかじめ想って意識することである。考える人間なら、死や病を完全ではなくても何ほどか思い知っている。

考えはそれだけではない。状況がよくて調子がいいとき、自分はまさに完全だ、優れている、と思うかもしれない。逆に現在の状況が平常ではなく、辛く苦しかったり、自身の未来に希望的観測がもてないなど肯定的な発想ができないとき、その人生を憂いて「もうこんな世の中で生きていたくない」「死んで世界からいなくなって楽になりたい」と考えてしまうかもしれない。いずれにせよ、人間は、他の生物以上に、自分自身やその周囲に記憶や想像や思いを持ち、考えるわけである。諺《ことわざ》のように引かれる人間の考えについて、次の指摘がある。

> 人間は一本の葦《あし》にすぎない。自然のうちで最もか弱いもの、しかしそれは考える葦だ。……一吹きの蒸気、一滴の水だけで人間を殺すのには十分だ。しかし宇宙に押しつぶされようとも、人間は自分を殺すものよりさらに貴《とうと》い。人間は自分が死ぬこと、宇宙が自分より優位にあることを知っているのだから。宇宙はそんなことは何も知らない。こうして私たちの尊厳の根拠はすべて考えることのうちにある。（パスカル『パンセ』塩川徹也訳）

人間は弱いが、自分の死が宇宙より下位であることも知っている、その思い、考えのなかにこそ尊《とうと》さがある、とパスカルはとらえる。この「考えること」の指摘は、まさに考えさせる。ただし、どんな考えでもいいのではない。死を知っている考えの位置、その謙虚さにこそ尊厳があるようだ。ただ、そうだとしても、その考える人間は必ず死ぬ。その死後について、実際に当人は考えてもわからないし、死後も考え続けることはできない。これまでに地球上で誰一人として、生きている人間が生存中に「自分の死」を実際に、持続的に経験した人はいない（「臨死体験」という短時間の経験は除く）。生きていた個体は「死」を迎えると、次第に自由には動かなくなり、やがて言葉を発せられなくなり、結局呼吸もしなくなる。時間が経つとともに、植物が枯れていくように固く土や石に近くなり、死後そのままだと腐敗し、その体は個々の物質へと拡散していく。

ただし、人間は、たいてい真面《まとも》な周囲の関係する人たちの場合、当人をそのままにはしない。その亡くなった人の体をただ捨てたり土や石に返してしまうわけではない。その人をめぐってたとえわずかであっても儀式を行い、その体あるいは骨やその一部を必ずやお墓として残すことが多い。しかし、それだけで終わらないこともさらにある。

亡くなった人が生きている間にあったその人の思いや意識、またその言葉や記録がある。それらはただ消えるのか。人の体はもう無いけれど、思いや意識は言葉や物事とともに記録されて残ってはいる。その記録された遺産も、たしかにそのままに放っておくなら、だんだん無くなっていくだろう。しかし、それだけでなく、それらをまさにどうするかを思うまた別の人がいるわけである。人の記録とその内実を、無関係だとかさらに嫌だなどと思うなら、別の形で使用したり、廃棄したりするだろう。ただしこれとは逆に、それにより関係しよう、それが好ましく意味があると思うなら、その記録をあえて残し、さらに残し続けようとする。そこにまた考えることがある。

いま、思いや意識、言葉、記録、さらに意味、考えといった方面、その持続や広がりをとらえた。その死をも知っている一本の葦の考え、それをまた残そう、考えよう、辿《たど》ろうとするのは、たいていまずは身近な人である。具体的には物事を残す両親や家族、さらに祖先や友人がいる。あるいは、僧侶や神主のような人がいる。そこから、語り継がれてくる伝承があり文献も残るのだろう。それを通して知る、また担う人物が歴史的に残り続けることになる。すでに儀式を行うといったが、この担われて続く営《いとな》みが、またさらに儀礼・祭祀にもなると考えられる。儀式・祭祀はただ瞬間ではなく、おそらく歴史を持っているわけである。

二　死生・来世からの人間の営みと儀礼

人間のこうした営みは、身近からはじまるだけではなく、ある他者の死が大事になるかもしれない。その意味で、僧侶や神主は個々でありながら、幅広い担い手なのだろう。対象も身近な人間だけでなく、動物や他の生物の死もそこに物事（たとえばお葬式として）として発生するかもしれない。実際、日本では、たとえば鯨《くじら》をめぐっての葬祭があり、鯨塚《くじらづか》がある。塚はまさにお墓でもある。

実際の存在物だけではない。近現代には、国家や宣伝や科学とともに死生をめぐる祭りが拡大する。これは有名な人物を思うとわかるだろう。そこにはさらに流れる映像やゲームにおける死と生、特別に有名な人の死と生――そこでは、元来身近でもないもの――が広がって、それが担われている。その広がりは、流行《はや》る物にもなって拡大することもある。逆により細かく入りこみ、顕微鏡下で見る細胞レベルの場合や、さらに情報の場合もある。近代ではそこに産業や科学技術や力が結びつき、その人や物事が商品となって物象化され物神崇拝が生まれるとさえいわれる。

ただ、宣伝や流行、さらに物象化となると、そこに死や生が感じられたとしても、元々の人間が持っていた死と生から離れているのではないか。そう思うと、最初にとらえた人間が「想像力や思考を働かせる」「目覚める」といったことからの展開、語り嗣《つ》がれた伝承、歴史――それがまずは大事なのだろう。それは、ただのデータや宣伝ではない。意味ある出来事としてあり、そこに当の生きている自分、また人びとも関わっている。その死と生にまさに関係する物事・出来事が元来人間にはあったし、またある。そして、先に僧侶や神主、儀礼・葬式などといったが、そうした物事の担い手がさらにある。そうしたことを、改めて歴史をふまえて見出すことが大事だと考えられる。

生きることや死ぬことのとらえ方、見方には、何らかの情報に還元してしまわないかぎり、たいていは人間にとって基盤となる仕組みがある。その基礎に関わる物語や世界を、人間は歴史的に持っている。先に生老病死といったが、かかる語りがもつ死や生のとらえ方をここでは総じて「死生観」といい、そこに懐《いだ》き描かれる現在だけでない世界を「来世観」といっておく。それらはどうも有史以来の人間には有り、それが心持ちとしての信仰やその言葉や儀礼・祭祀の枠組み（宗教）にもなっている。さまざまな伝統宗教はそうした死生や世界の意味づけを行ってきたらしい。

歴史を紐解《ひもと》くと、人間は「死んだら無になる」「ただ物体である」という解釈だけで納得してこなかったようである。この無や物体は、むしろ近代に発生した物象化や科学技術から、あるいはそれを反転したものとして出てくるものかもしれない。そう考えるなら、やはりその現象以前の物事から、その歴史から見ていくといいのだろう。

死生観を問うときの核心的な指標の一つとなるのが、「死後の生があると信じているかどうか」にある。歴史的に培《つちか》われてきた死生観のなかでは、死後の世界を、天上や地底、海の彼方、異次元、架空の世界、未来世代（生まれ変わり）など現世界では見えないところに設定し、死後もそこで生き続ける。その来世と現在の生との連続性が語られてきた。また死後の世界である来世についても、「あの世」「天国」「地獄」「浄土」「生まれ変わり」といった表現でそれぞれ言いあらわしてきた。これら彼方《かなた》の世界は、死を思いめぐらし「死んでもそれきりではない」という人間の考え方が、現世の今を生きることに意味をもたせるものとして営みのなかで育まれてきたものといえる。

実際、古代から人は、大事な亡くなった人に対して、想像力を働かせて思いや考えをめぐらし、その個体に対する扱いを、地域の人たちの間でいろいろな工夫をして営んできた。そうした死者への扱いは古代からある。エジプトの墳墓ピラミッド、東アジアでの陵墓、日本だと古墳などに、はっきり見ることができる。また儀礼になってての広がりもある。仏教やキリスト教では、看取りを経ての納棺、僧侶によるお経の読誦《どくじゅ》をはじめとした「お葬式」や葬儀ミサ（レクイエム）のような葬送儀礼、火葬や埋葬等による死者の葬りといった弔いの行為として、それぞれの地域においてさまざまな特色を帯びて培われてきた。

ただし、これらの世界観と儀礼とをまさに担うのは、中世までは特定の人だったようである。しかし、近世以後になると人びとへと広がりを見せる。事実、日本では、個体の死後から一定の年月を経ても死者を儀礼の対象とする「お盆」や「お彼岸」といった行事が、特徴的に発展し、それが現在にいたるまで存続してきた。いま死者をおもに見たが、さらに生者についても誕生・成人・婚姻に儀礼があり、さらに賀寿といわれる還暦《かんれき》、古稀（七十歳）・喜寿（七十七歳）・米寿（八十八歳）などがある。これらは「通過儀礼」と称される。また一生の儀式を「冠婚葬祭」ともいう。
いまその分類を個々に追わないが、これらを広い意味では死と生の経過に関わる「祭祀」と呼ぶこともできよう。では、日本において、今にいたるまでこのあたりをどのようにとらえて祭祀を営んで生活してきたのか、これまで述べてきたが、以下、その大体の（死生観・来世観とつながる）「枠組み」について、まずは死・死者の面から、さらに辿ってみる。

三　古代日本における死

死について近現代では、たとえば特別な英雄や政治や宣伝の中心としてお墓を作ったり、あるいは生活とは離れた場所に作ってお墓を無縁なものとしようとしたり、さらにお墓をもう作らない、といった現象も生まれる。ただし、歴史を遡ると、そうではなく、古代から死をめぐる営みは、より生活と結びついていたようである。

第5章でも見たが、縄文時代、人の死を身近なものとしてとらえてきた特徴がある。当時、新生児の埋葬にも土器が用いられていた。当時の人びとは、土器を母胎としてとらえ、誕生や再生の象徴として土器が利用されていた可能性も高い。弥生時代になると、墓が人びとの生活空間から少し離れながらも敬われる墳丘墓《ふんきゅうぼ》、あるいは斜面にいくつも埋葬する横穴墓《おうけつぼ》が生まれる。さらに古墳時代と称される三世紀半ば頃から前方後円墳が各地でつくられる。地方ではそれ以外の例もあっただろう。いずれにせよ、稲作や祭祀と結びついての人間の営みの拡大が墓の有様に見出せる。ただ、六世紀の飛鳥時代、八世紀の奈良時代頃より、塚や墓よりも、さらに寺院と神宮の形成が広く行われる。現代にも残る当時の寺社にいくつか出会うことができる。この時期以後、墓はより縮小化して、寺社とともに人びとの生活の中に結びついて広がることになる。

それを思考や想像において見てみると、生命・活物観（アニミズム）的な要素と仏教的な要素が混合して形成されていくようになる。活物観とは、生物はもちろん鉱物・石など・すべての存在に霊魂・霊が宿っているとする考え方である。それは、日本の先住民である縄文人の自然崇拝にすでに見出され、その埋葬の形式からは死者が循環して再生するような祈りが込められていたことが推測される。そうした活物観を死生観の基層に据えてきた影響が後にも消えないとも考えられる。それが世界観としても、日本においては、死者とのつながりを身近に感じてきた特性がある。

『古事記』の日本神話には、死者の世界をさす「黄泉《よみ》」を、見えないが関わる「幽《ゆう》（冥《めい》）」とし、手元の現世「葦原《あしはら》の中《なか》つ国《くに》」を現れ出た「顕《けん》」とする考えが見える。そして活物（アニマ）としての「産《むす》」がある。産を背景に幽顕の両者が関係づけられる。この点を、上巻・序で編者の太安万侶《おおのやすまろ》が次のように述べる。

乾坤《けんこん》初めて分れて、参神造化の首《はじめ》と作《な》り、陰陽斯《ここ》に開けて、二霊群品の祖と為りき。所以《このゆゑ》に幽顕に出入して、日月目を洗ふに彰《あらは》れ、海水に浮沈して、神祇身を滌《すす》ぐに呈《あらは》れき。故《かれ》、太素《おほもと》は杳《えう》冥《めい》なれども、本教に因りて土《つち》を孕《はら》み島を産みし時を識《し》り、元始は綿邈《めんばく》なれども、先聖に頼《よ》りて神を生み人を立てし世を察《し》りぬ。寔《まこと》に知る、鏡を懸《か》け珠を吐きて、百王相続し、剣《つるぎ》をを喫《く》ひ蛇《をろち》を切りて、万神蕃息《ばんそく》せしことを。安河《やすのかは》に議《はか》りて天下《あめのした》を平《ことむ》け、小浜《をはま》に論《あらそ》ひて国土《くに》を清めき。

＊乾坤…天地・陰陽。／参神…天御中主神、高御産巣日神、神産巣日神。／二霊…伊邪那岐命と伊邪那美命。／群品…さまざまな万物。

この続きは各自で読んでいただきたいが、ここでは乾坤＝天地をめぐり、天中主・高産・神産の三神が「造化」の「首」であり、イザナギとイザナミの命《みこと》の霊が「祖」となって、「幽顕に出入り」し、そこに神祇があり、そこから国土が清まりおさまる、とされている。『古事記』がおもに描くのは顕界としての天地である。では幽界はどうなのか。これについてはさまざまな考えがあるが、そこに仏教が関わってさらに世界観を描き出していることは重要である。その方向を次にとらえてみる。

四　死をめぐる仏式の考え方とその周辺

現在では、人が亡くなったことについて、「天に召された」「天国に旅立った」という表現がよく使われている。しかし、キリスト教やイスラームで説かれるような天上の理想世界として霊魂が永久の祝福を受け、死後の永生を得る場所としての「天国」は、本来仏教には存在しない。仏式での葬儀を執り行った場合、故人が天国に逝《ゆ》くという想定はない。ただし、仏教では、すべての生あるものとの直接的な連続性があると説かれ、輪廻《りんね》（過去・現在・未来に渡る因果応報の理法）の下、現在の生の行為は死後の生活に結果をもたらす。死後は、生前の善悪に相応した六道（地獄・餓鬼・畜生・修羅・人間・天上）のいずれかに転生し、その転生をめぐり解脱が説かれ実現される（声聞《しょうもん》・縁覚《えんがく》・菩薩・仏といった四聖にいたる）と想定された。輪廻する「六道」の最上位・人間界の上に「天」があり、それが解脱・悟りの直前に位置づけられている。ただし、戦国期・近世の「天」「天道」はそれだけではなく、さらに運命や倫理をも兼有し、儒・仏・道・老荘さらにデウスの訳語として用いられさえした（マテオ・リッチ『天主実義』）。

遡ると浄土系の仏教で想定されている「西方極楽浄土」世界が、「天国」に近い設定をもっている。「浄土」の本来の意味は、清浄で清涼な世界、つまり仏の国を指すが、「浄土」世界のとらえ方は仏教内でもさまざまに派生し、宗派によって見解が異なっている。『法華経』においては、別世界に浄土の建立を説くのではなく、現実世界を仏国土たる浄土に変現するという「娑婆《しゃば》即寂光《そくじゃっこう》」という理想が示された。

また、俗にしばしば耳にする「成仏《じょうぶつ》」という表現は、死後に極楽浄土などの安楽な世界に生まれ変わることを指し、「成仏していない」という言い回しでは、死後もその人の霊魂が現世をさまよっていることを指す場合に用いられている。本来の仏語での「成仏」とは、悟りを開いて仏になることを指すが、成仏のとらえ方も各宗派によって異なってくる。たとえば、もはやさまよっていない収まった状態・世界が仏国ではなく、此の世と重ねてとらえられることもある。

なぜ、日本では本来の意味から変形されてきたのか。これについてはさまざまな推測がなされているが、最澄さらに浄土教の場合、この世を離れて後の、別世界である阿弥陀如来の住まう西方極楽浄土に転生してから仏に向かうことを目指して修行をすることを願う念仏（浄土）信仰の影響が大きいと考えられる。死んだことをもって、仏に成る可能性が与えられたとして、すでに「成仏」している状態と位置づけられたといえる。また、死者を「ホトケ」と呼ぶ風習も同様に、この世を離れて後の浄土において、仏に成ることを目指して修行を行うことが約束された者として、死者となった段階であらかじめ「ホトケ」と呼ばれるようになったと推測できる。あるいは空海また密教の場合、「即身成仏」、すなわちこの身そのものが永遠の仏になっているといった考えも生まれる。いずれにせよ日本では、元来の仏陀とはまた違って、仏教的な来世またその存在がより此の世と関係づけられる傾向を持っている。

　近世という時期は、人びとの生活世界が拡大することで「世俗化」と呼ばれ、従来の来世観が縮小・変容し、現在的秩序の拡大が発生する。そこで死後・来世がより手元の現実と結びつくことにもなる。ただし、こうした世俗化がすぐに展開したわけではない。戦国期、仏教では浄土真宗本願寺の信徒たちを中心に一向一揆などがきわめて多く発生し、その弾圧もある。ただ、最終的に武家の支配また天皇の勅令などと結びついて、多くは権威・権力の元に収まって発展することになる。

一部、日蓮宗不受不施派《ふじゅふせは》などは出仕を拒《こば》んで排除され続けるが、一般にはそうではない。その一般的な傾向は、祭祀をめぐる制度化でもある。

十七世紀後半以後、一般には人びとは特定の寺院における家（檀家）に属し、その葬祭を持続的に行ってもらい布施《ふせ》（お礼）を渡すという寺請《てらうけ》制に属することになる。これとともに、神社の拡大があり、たとえば「三社託宣」――天照皇大神宮・八幡大菩薩・春日大明神の三神の誓約――が掛け軸となって広がる。人びとの多くは神社のどこかに属し、その氏神・氏子制のもとで、生の誕生や成長、収穫祭など寿《ことほ》ぎを行う。こうした状況のもと、死に向かっては寺院が、生に向かっては神社が、という制度がいわば国民的に広がることになる。

こうした神仏で分有する制度の広がりにおいて、儒学がまた介入することになる。これは日本的であり、儒学が広く天下を治めていた中国・朝鮮とは違う。祭祀は、中国・朝鮮では儒学がおもに営み、仏教や道教は周辺・低層に位置した。日本の祭祀は、かなり神・仏で分担する。当初、少数であった儒者はそれを求めて、神道との融合をはかることになる。

拡大する仏教のもと、寺請制は戸籍制度であって、「宗門人別改帳」をもつ。その戸籍は、檀家の人びとがキリシタンでないことの証明でもあった。この制度化の背後には、対キリシタンの問題が結びつき、位置をしめた事態がある。そこには身代わりの死者を敬うのを邪教とする「禁令」があり（一六一二年。第8章でふれる）、さらに島原・天草の乱／一揆と呼ばれる大きな内戦があった（一六三七～三八年）。それがこの戸籍制度にもなった。近世初期、内側への秩序化があったといえよう。

キリシタンの殉教・受難は、供養するよりもむしろ排除すべきとする考えが、近世史の主流になったことは確かだろう。そこから近世において大きく形成されはじめたのは、種族観と結びついた伝統であり、宗教者や武家たちもかかる系列を作り続けることになる。これは、死と生においても断絶を好まず、そこに霊魂を位置づけることになる。死者は戒名《かいみょう》という死者名を与えられ、ホトケになる。生と慶事《けいじ》（生殖・誕生・豊穣）にまつわることには神道的な祭祀が、死と弔事《ちょうじ》（死者・祖霊の慰撫や供養）に関しては仏教的な儀礼が行われ、生と死の領域とそれらを司《つかさど》る神と仏の「棲《す》み分《わ》け」がある程度なされてきた。そして、死者をホトケとして、お墓・位牌《いはい》・卒塔婆《そとば》などの物体に具象化させる。そこから、どのような世界が想像され営まれたのか。本節では、循環と隠顕また交流ともいえる三つの有様を見出してみる。

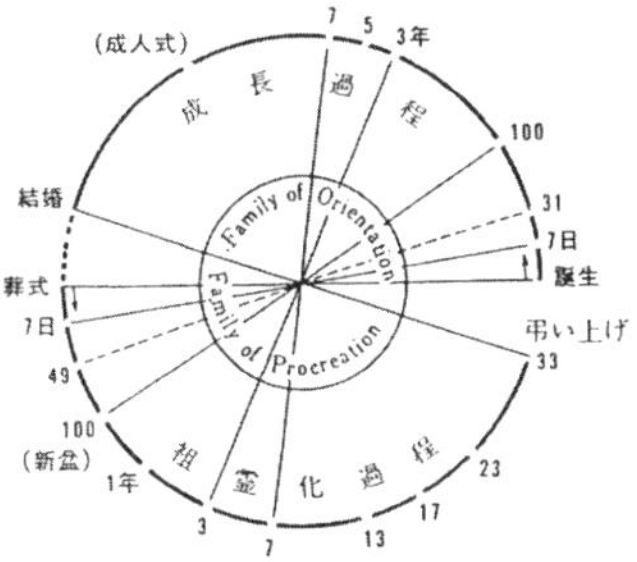

図１　民俗的儀礼の宇宙における循環図（ヘルマン・オームス『祖先崇拝のシンボリズム』より）

死と生の循環

神と仏の連続性について、日本宗教史学者のヘルマン・オームスは、上のような図を描いて（図1）、人間の成長過程と祖霊化過程の対応関係から民俗的儀礼の宇宙における循環を示している（『祖先崇拝のシンボリズム』）。この図では、人間の節目である誕生・成人式・結婚、さらに老年期の祭祀から葬祭を経て、死後も法事や盆など、周期的に霊魂の行き来があるとみなされる。いま死の側面をさらにとらえると、日本では伝統的に葬儀の後、「初七日」をはじめ「四十九日」「一周忌」などの法要が営まれてきた。ただ、仏教では、生あるものが死後に生まれ変わり再び肉体を得るといった「転生」の思想に基づき、人の死後次の生を受けるまでの日数である四十九日間を、死者が今生と後生の中間にいる状態として、「中有《ちゅうう》」または「中陰《ちゅういん》」と呼んだ。以上の「祖霊化」は、その本来的意味を変形させた日本独自の死生観で、「四十九日」を死者が再び成り立つ期間とみなされている。やがて弔《とむら》い上げられるとき、場合によってはまた再生した誕生に向かうこともあるわけである。

では、こうした循環において、生の営みは死後の世界に影響を及ぼすのだろうか。また、死後の供養は死者・生者に何をもたらすのだろうか。あるいは、そこに住み込むことがない者はどうなるのだろうか。たとえば、この世に恨みを残して死んだ者は成仏できず、幽霊となってこの世をさまようのだろうか。そして、供養されれば成仏できるのだろうか。これはさらにいうと、キリシタンはどうなるのか、どうすればいいのかといった事柄にもつながる。

『心学五倫書』によると、死後、人倫道徳を実践したものは天と一体化し、実践しなかったものは天と一体化できず流浪して鳥獣と一つになり、子孫が衰退するという。近世の神道思想によると、霊魂は不生不滅であり、現実世界にあり、天命としての職分を果たして死んだ者は天に帰り、安らかに報命し、天命を果たさなかった者は天に帰らず流浪して妖怪になるという。こうした考えも残り続ける。あるいは、キリシタンや受難が、別の物語や怪談にまで変転するといったこともある。

死と生の隠顕

いずれにせよ、この決まった応答や循環で収まらない次元が、近世にも残り続けることは確かである。先に、近世に祖先崇拝が行われるといったが、それが拡大するにせよ、それには収束しない物事があるに違いない――排除した死者は、じつは無視できないのではないか。全体として、これではすまないのではないか。本居宣長『古事記伝』所収「直毘霊《なおびのみたま》」と付巻・服部中庸《はっとりなかつね》『三大考』、また平田篤胤《ひらたあつたね》『霊《たま》の真柱《みはしら》』は、『古事記』を用いながら、死と生を含むさらなる神話に基づく世界像を描き出す（図2参照。この図では混沌から「天」が萌え上がり、その後に残った「地」と、さらにその底に下った「泉《よみ》」の生成が説明される）。そこには隠顕あるいは顕密がある。また、全体と部分のような構造があるらしい。興味のある方は調べてほしい（金沢英之『宣長と『三大考』』）。

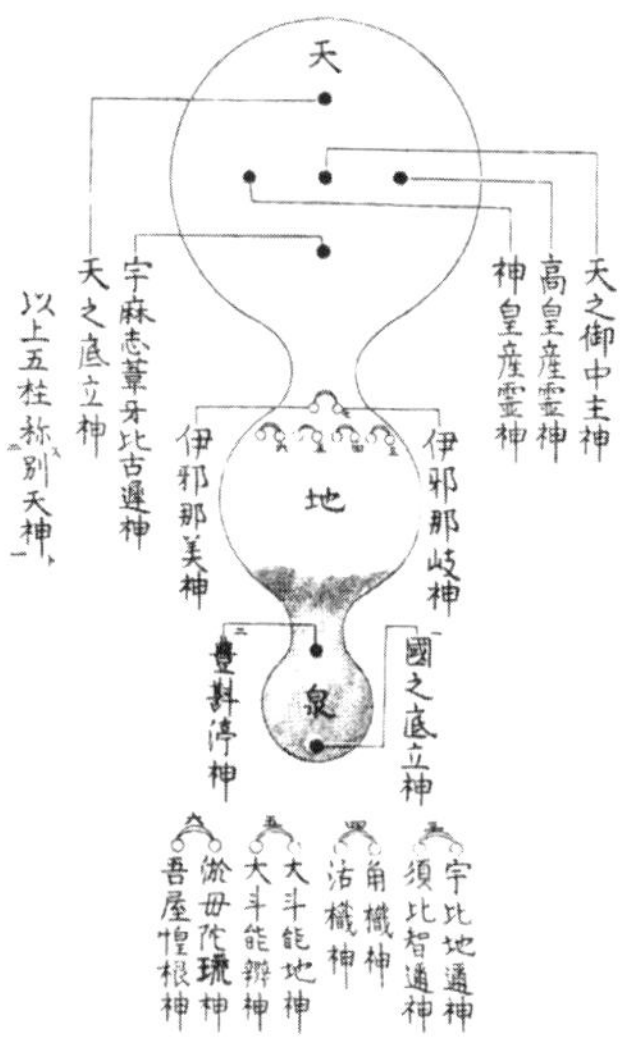

図2　平田篤胤『霊の真柱』第四図（国立国会図書館デジタルコレクション）

死と生の交流

これまで描き出された世界像に触れてきたが、それはもちろん以上のものだけでは収まらない。先にいくつかの法要に触れ得たように、たとえば人の死を弔うために行われる「葬儀」は、縄文以前から営まれてきた宗教的行為であり、そこに時代的な変容がある。また、それは世界各地にも見られる。だから、死の弔いとして同じであっても、伝統的な慣習・儀式として、時代や場所によって違いがある。その様式には、それを行う人びとの死生観・宗教観がさらに反映されている。ならば、死と生をめぐる行き来・交流についてはどうとらえられてきたのか。

近代以前を遡れば、日本にはインド、中国、朝鮮などの各地域から、死者の祭祀についての諸行事が伝わってきた。それらは日本各地でも違いが見られた。また、その次の世界に向かう交流の時期を「中有」といい、その世界は審判や裁きによって善悪に程度があり、これに対する供養のあり方を「法要」というとき、そこにもかなりの差異があることは指摘できる。

仏教発祥の地であるインドでは、その時期に審判があり、閻魔《えんま》大王によって生前の罪が裁かれ、罪が重いと魂を浄めるために地獄に落とされるが、遺族が中有期間の七日ごとに法要を行えば、死者への裁きが赦される、または軽減されるとも考えられていた。また中国では、死者への裁きは一度ではなく、中有期間に加え百カ日、一周忌、三回忌など、その都度法要を行う重要性が付加された、という。いずれにせよ、ここでは次の世界の差異の大きさと、それに対する法要が細かくとらえられており、その行為はより超越的・根源的なのだともといえよう。

日本にはそうした厳格な考えも伝来し、また宗派ごとに多様な解釈のもと法要として営まれるようになったのだが、日本の一般的な特徴として、描き出される世界像（法要）が手元の世界（生活）と別れて離反するよりも、むしろ両者の交流がよりとらえられたらしい。

日本では、死ぬことを「あの世へ行く」といった表現で語られてきた伝統がある。その「あの世」（あちらの世界）は「この世」（こちらの世界）と対比されるが、川の比喩で「彼岸《ひがん》」と「此岸《しがん》」ともいわれる。いわば両者渡る（交流する）ものである。

風習としていわれる「彼岸」は、雑節《ざっせつ》（季節の移り変りを把握《はあく》するために設けられた特別な暦日）の一つで、春分・秋分の日を中心とする前後七日間である。この期間の仏事・法要を「彼岸会《ひがんえ》」と呼び、古くから行われていたとされる。そこでは、仏法が語られるとしても日数が絞り込まれる。それはやがて（現在では）、先祖をはじめ縁故のある死者の冥福を祈る機会、お墓参りの慣習となる。

従来の仏教では、人間が生活する世界を穢土《えど》または娑婆《しゃば》として、穢れた苦しみの世界と位置づけ、これに対してさらに向こうの世界を成仏の領域（浄土）に譬《たと》える。人間は、穢土から生死の苦しみを乗り越えて浄土に到達するため、仏道における善行を修することが大事であるとされる。これに対して、日本における彼岸の中日にあたる春分・秋分の日は、昼と夜の時間が同じとなることから、そうした日に善行を修する功徳（神仏の恵みや御利益）は、他の時に行う功徳よりも勝《まさ》ると解釈され、元来生きている人間が功徳を積む期間とされてくる。

死者に対する態度も、仏教での死者は本来自身の力では功徳を積めない存在であるため、生者が仏道を行《ぎょう》ずる・善行を行うことをもって得られる功徳を、死者にも回すといった追善供養が重んじられてきた。しかし、彼岸の期間に仏事を行ずることで、生者が得た功徳を死者にも回向《えこう》する習慣が次第に定着化してくる。お墓参りや仏壇に手を合わせる目的を、「先祖に自身を守ってもらうため」ととらえている人も生まれる。より身近な関係になっていることがわかる。

「お盆」こと、『盂蘭盆経《うらぼんきょう》』などに説かれる伝説に由来する「盂蘭盆会《ぼんえ》」も同様、やはり身近な先祖や故人の供養を行う儀式となり、日本では旧暦の七月十五日を中心に行われる。現在でもお盆を「死者の里帰り」ととらえて、その時期に「迎え火」を焚《た》く風習が残っているところもある。これは、他界から帰ってきた死者の魂を家に迎え入れるための目印であり、歓迎の印とされ、死者の里帰りに向けた生者の配慮でもある。

そうした日本の慣習においては、死者の世界は生者の世界にまさに接近している。形・儀礼として「迎え火」を焚く。そのとき生者は、火が見えるその近いところに亡くなった人が現れてくるかのように実感したのかもしれない。

五　死者との関係とは何か

喪の作業

人間はたいてい、生後まず家庭の中にいるが、さらに学校に行きながら育ち、大人になって、就職しまた恋愛や結婚をし、さらに仕事や子育てをもする。それらはそれとして大事なのだが、また「さらに」次第にわかってくることもある。それは、親や先生をはじめ教えてくれたり育ててくれたりした人がいるが、その人たちもまた老いて、むしろこちらから面倒を見たりするが、やがて身近には存在しなくなる、そして自分もまたそうした流れのなかにいる、ということである。「喪の作業」というのは、人がもう居なくなっているが、それを自分自身のこととしても知ることのようである。では、その知ることとの意味内容は何なのだろう。通常の勝ち負けや良し悪しとは違って、それがもう無くなったところからいったい何が見出されるのだろうか。

昔からの諺では、「親孝行、したい時には親はなし」とか「子を持って知る、親の恩」という。あるいは、「五十にして天命を知る」が孔子の言葉だという（『論語』為政篇）。これらの孝・恩・天命などは、いわばもらったものとして自分に見出され、自分の生命を意味づけるものと考えられている。近世日本の中江藤樹は、「孝」は血縁だけでなく「この身すでに太虚天地的の遺体」であって、「孤子」（孤児、両親がもういない子）にも「随在みな感通する」ものだという。それはまた、自分自身が親の「胎中」にあったときの「一気」だという（『孝経啓蒙』）。このとらえ方に同意しなくても、これらでは生命力のようなものが、自分がもらった「いのち」のように実感されていたのだろう。

身近な人や愛する人を失った時に、人間はまずどんな気持ちになるのだろうか。遺《のこ》された人には、追ってその「喪失」に遭遇し、「悲嘆」の感情をもつことがある。それはたいてい、すぐに拭《ぬぐ》えるものではない。故人に対して「もう少し生きていて欲しかった」「あの時にこうしてあげればよかった」「どうして私を置いて先に逝ってしまったのか」「何でもっと優しくしてあげられなかったのだろう」等といったさまざまな思いが入り混じった複雑な感情に苛《さいな》まれることも多い。見送った後は、故人の反応が直接返ってこないがゆえになおさら、「これでよかったのだろうか」と自問自答し、時には自分や他の家族、さらに故人までも責めたい感覚にかられ、気持ちの整理がつかずに混乱をきたす場合さえある。

その喪失をともなった心は、いかに鎮められ整えられるのだろうか。伝統的には、死者に対する葬儀や、風習としてなされてきたお盆・お彼岸といった儀礼が時期ごとに行われる。四節の図1にみえる「祖霊化過程」も、「喪中」からの「喪の作業」であった。それはただ個人また家族だけでなく、遺族さらに周囲の者にも配慮をうながす時期であり、その作業によって当の人たちの魂が育まれてきた。

現在、そうした伝統的な「喪の儀礼」がもう失われているなら、まわりの人びとと「喪」を共有する機会がないがゆえに、人はいっそう自分自身のなかで悲嘆を抱え込んで悶々《もんもん》とするかもしれない。あるいは段々と意味あるものを探しながら、それが新たに見出されるかもしれない。いずれにせよ、いま一度これまで育《はぐく》まれてきた伝統的な「喪の作業」やそれに似るもの、そこにある内実を振り返ってみることが大事だと考えられる。

死者とのコミュニケーション

これに似るものとして「口寄《くちよ》せ」という、死霊や生霊などの霊体をみずからの身体に乗り移らせることによって、霊体の言葉を語らせる降霊術を専門として行う人びとの働きが現代にもある。イタコ（青森県）、ユタ（沖縄県）など地域によって呼び方はさまざまであるが、全国的に存在してきた。口寄せの種類として、死者の言葉を伝える「仏口《ホトケクチ》」、神霊に伺いをたてる「神口《カミクチ》」の他、生霊や葬儀で供養されていない死者の霊に対する口寄せが「生口《イキクチ》」、葬儀が終わった死者への口寄せは「死口《シニクチ》」と呼ばれてきた。

「口寄せ」は死者と媒介する特殊能力といえるが、こうした死者とのコミュニケーションは誰もがしていること、とも考えられる。実際、どの文化でも日常的に、故人の生前の思い出をしのび、生きている者が遺影などの写真、仏壇・祭壇やお墓に向かって、あるいは空や山等の自然を眺めながら、故人を思い出し語りかける行為に及んでいる。そこに、身近な故人をはじめ、歴史上の数々のいまは亡き良き人びとの気持が伝わっているのではないか。

こうした意味を知ろうとするとき、人は現在の我が身の生き方や社会のあり方について改めて反省して謙虚な気持ちになるだろう。いま本当に大事なのは、人気者になったり勝ち負けにこだわることではない。同じ地球のなかで、今日もどこかで誰かの死が迎えられまた何ほどか再生する、その伝統ともなった歴史のなかに大事な意味があるのではないか。本章で最初に見た「私たちの尊厳の根拠」に気づくことから、その意味が見出されるに違いない。

【討論テーマ例】

1　死んだらどうなると思いますか？　なぜ、そう思うのですか？

2　あなたは死後、どのようにしてほしいですか？　なぜ、そう思うのですか？

3　「生まれ変わり」や「前世」といったことを信じますか？　それは、なぜですか？

4　遺族が回忌を行えば、死んだ者の罪が軽減されるという考え方についてどう思いますか？

5　お彼岸は、昼と夜の時間が同じとなることから、そうした日に善行を修める功徳（神仏の恵みや御利益）は、他の時に行う功徳よりも勝《まさ》ると解釈され、元来生きている人間が功徳を積む期間だと知っていましたか？

【キーワード】

六道輪廻、寺請制・氏子制、法要、供養、口寄せ

第8章　絆をめぐって

東日本大震災や原発事故に見舞われた二〇一一年の「今年の漢字」に選ばれたのは、「絆《きずな》」だった。人と人との絆を再確認した一年だったということらしい。絆とは、情愛によってつながっているということであり、独りではないということである。そして、それが最も胸にこたえるのは苦境にあって手を差し伸べられたときであり、人びとは絆に救われるのかもしれない。

以前、「どのようなときにつながっていると実感する？」と若者に聞いたことがある。その答えは、「辛いときに、助けてくれた」だった。「メールの返信が来た」や「イベントに招待してくれた」などの答えが返ってくるだろうと思っていたが、いざというときにその人自身が現れて力になってくれる、そんな関係がつながっているということなのだろう。つまり、絆というのは、苦境にあるからこそ、発見され実感できるものなのだろう。そこにはまず関係するつながりがあり、そのなかで絆が生まれると考えると、つながりという前提がなければ、絆もありえない。現代において社会問題となっている孤食や孤独死は、つながる機会を失ってしまった結果起きている現象であり、絆を得るきっかけすら失っている状況なのである。つながろうとしてもつながれないのか、そもそもつながろうとしないのか。

一口につながりと言っても、地域によるつながり、職業によるつながり、趣味によるつながり、信仰によるつながり、血によるつながり――つまり親族のつながり――などさまざまなつながりがある。さらに、地域と信仰といった複合的なつながりもあるだろう。人びとは複数のつながりの地平のなかで生きている。

かつて地域のつながりは、公的にも私的にも現代よりは確固たるものがあった。キリシタンや浪人の取り締まり目的で江戸幕府が制度化した五人組は、後には相互監視による犯罪の予防・取り締まり、年貢完納の連帯責任や相互扶助などその機能を広げていった。また、この時代、講による地域活動、「巡拝、廻村仏」（第一節）などは信仰的な関わりから、庶民が自発的に活動している。

この章では、まず人びとのつながりが具体的に動いていた近世から近代にかけての「講」の活動を見てみる。それはどんな働きだったのか、遡《さかのぼ》って実証的にたどる（一節）。そこからさらに、無償の愛から生まれる絆に、代受苦《だいじゅく》また人の離別（貴種流離）を見ていく。それは、自己犠牲にもつながるものであり、神が人間のために、またある人が大切な人のために、その関係者が犠牲を払うのである（二節）。また、つながりが無くなるとはどういうことなのか。それを絶たれた人びとをめぐる働きや物語を見ていく。そこに一・二節からの示唆が改めて得られれば幸いである（三節）。

一　講の活動

念仏講・代参講

現代社会は健康で経済力があれば、地域とのつながりがなくても一人で生きてはいける。都会では、同じマンションの住人でも会釈《えしゃく》をする程度でどこで何をしている人なのかさえまったくわからないなどということも多いだろう。しかし、かつては講《こう》組織の下、地域はしっかりと結びついていた。講とは、結成の動機に遡ればその多くは信仰上の諸機能と関係を持っており、信仰的な関わりがあった集団のことである。桜井徳太郎（『講集団成立過程の研究』）は、講について、「元来は仏教的意義をもつ寺院行事またはそれに参与する僧集団を指していたが、その後の変遷によって、あるいは金融的経済的、あるいは社会的政治的な諸機能を順次に現わすにいたった」と述べている。講による信仰を通しての人びとのつながりを近世から近代における多摩地域（日野市域）の念仏講と多摩地域（武蔵村山市域）の代参講（御嶽講《みたけこう》）から見ていく。

日野市域の念仏講の機能は二つあり、一つは葬送制度であり、死没者の埋葬を相互扶助的に執行するものである。もう一つは念仏を唱えることにより、死者供養、先祖供養を行うもので、おもに女衆《おんなしゅう》が担った。女衆がともに語らい、ともに食するという娯楽の場としての機能もあったという。念仏講中《ねんぶつこう》に不幸があった場合、同講中のものが施主を助け、葬式を滞《とどこお》りなく行えるよう定めた

『日野仲宿念仏講』の「念仏講中 定」（丁文化十四歳巳三月日再造）には葬送に関する規定、講中人名、穴番控《あなばんひかえ》（死没者と穴番四人の人名）が書いてある。穴番とは、墓の穴掘りで、講中より四人を籤《くじ》で決めていたことがわかる。穴番控を見ると、文化十五年（文政元・一八一八）から明治八年（一八七五）の五七年間、何歳で何月何日に誰が亡くなったか、穴番はだれであったかがわかる。日野仲宿の文政年間に亡くなった人数を年ごとに挙げると、文化十五年に三人、文政二年に一人、同三年に一人、同四年に六人、同五年に二人、同六年に五人、同七年に三人、同八年に一人、同九年に三人、同十年に三人、同十一年に一人、同十二年（文字不詳）に一人、同十三年（天保元）に五人と年平均三人ほどが亡くなっている。日野仲宿（中宿との記載もある）は日野本郷の小名の一つであり、近世後期、日野本郷の四百五十戸数から換算すると、三十五前後の戸数があったとしても、多い年には六人も亡くなっており、そのたびに地域の念仏講が葬送のほぼいっさいを担っていたのであるから、講中の地域に果たす役割がいかに大きかったかがよくわかる。

次に、武蔵村山市域の代参講《だいさんこう》（御嶽講）をみる。桜井徳太郎は、代参講を「講員たちは講中のなかから籤引きなどの方法で代表の参拝者をきめ、各自出し合った講金をその代参者の路銀《ろぎん》にあてた。代参者は講員を代表して神社に参拝するとともに、その際にうけてきた神札を帰村ののち、講員に配布するのである」と説明している。路銀というのは、旅費のことである。また、代参講にいたる背景として御師《おし》の存在は不可欠である。御師は出自が修験（山伏）であったといわれているが、村における布教活動により支援者を獲得し、さらには支援者の集団である講を興し、代参の際は講中の人びとを宿坊に泊まらせ、祈禱《きとう》なども行っている。支援者と御師の信頼関係により、恒常的に代参講も続いたのだろう。

　では、実際にどのように行われていたのか、中藤村《なかとうむら》（東京都武蔵村山市）の神職で陰陽師《おんみょうじ》の指田《さしだ》摂《せっ》津正《つのかみ》藤詮《ふじあきら》の書いた『指田日記』を参考に、代参講の中から御嶽講を見る。

　『指田日記』では、①天保八年三月十五日、②天保十四年三月十三日、③天保十五年二月七日、④弘化三年二月七日、⑤嘉永二年二月七日、⑥嘉永四年三月十五日、⑦慶応三年三月十五日は、神《おいぬ》狗《さま》のお札を新しいお札と替えるために、御嶽山に赴《おもむ》いている（「太々講《だいだいこう》」の折の神狗引き替えは除く。「太々講」というのは、神社に神楽を奉納するものである）。御嶽山では陽祭山開き（現在の日出祭）が二月八日に行われており、二月出立の場合は陽祭山開きに合わせて代参講を行ったのだろう。『指田日記』においては、男衆一～二名の代参であることがわかる。⑦′天保八年五月十五日は、五穀祭に代参している。

①十五日　八太郎・文次郎、御嶽山神狗引き替えとして出立（日記では「替え」と「換え」を併用）
②十三日　御嶽山神狗引き替え代参市郎左衛門
③七日　八太郎・金兵衛、神狗引き替え代参
④七日　権右衛門・斧吉御嶽神狗引き換え代参
⑤七日　御嶽山神狗引き替えに豊蔵・伝九郎出立

⑥十五日　百之介・徳次郎、御嶽山神狗引き替え代参
⑦十五日　御嶽山の神狗引き替え、茂左衛門
⑦′十五日　御嶽山に五穀祭あるにより、代参久次郎・太左衛門

さらに、⑧天保六年三月十日、⑨天保七年三月十三日、十五日、⑩天保九年三月十五日、⑪天保十年三月十日、⑫天保十一年三月二十二日、⑬天保十二年三月二十七日、⑭嘉永三年三月二十二日、⑮嘉永七年三月一日、⑯元治二年三月二十日に太々講の記載がある。太々講の場合、数村から代参し、六人との記載もある。六人は中藤村の行政的に三組に分かれた各組から二名ずつ代参者を選出したものかとも思われる。また、⑨に妻を代参として行かせていることから、御嶽山太々神楽《かぐら》は女人禁制ではなかったことがわかる。

⑧十日　御嶽山太々神楽、初会
⑨十三日　御嶽山太々神楽、村々より出立、妻を代参として行かしむ／十五日　御嶽山より人々帰る
⑩十五日　東西両隣、御嶽山太々神楽により出立
同姓峯吉幷昌蔵、神狗引き替え登山
⑪十日　御嶽山太々神楽講中出立幷神狗引き替え代参、東隣主人と市左衛門出立

西元札入来
⑫廿二日　御嶽山太々神楽講中出立
⑬廿七日　大御所薨御により御嶽山太々今日迄延日
⑭廿二日　御嶽山太々講、六人定まる
⑮朔日　御嶽山太々に子息八三郎を行かせしむ
⑯廿日　御嶽山太々、村方より男女多く出立

太々講奉納の時期は、代参講とほぼ同時期であるが、三月八日から六月三十日までの期間である。このことから、北多摩郡は三月に太々神楽の奉納を行っていたことがわかる。「太々神楽を奉納することは、御師にとってその利益は甚大であり、太々神楽を御師一代のうちに何回あげるかによってその御師の才腕が問われるのが一般的であった」とあるように、太々神楽奉納により村の経済状況を把握することもできる。毎年のように太々神楽を奉納している中藤村は、裕福な村であったと考えられる。

また、『指田日記』には、⑰嘉永元年七月十三日、⑱嘉永四年八月三日、⑲万延元年七月九日、⑳文久元年六月二十九日に、御嶽山より水を借りるという記事がある。中藤村では代参以外にも御嶽山に赴き、水を汲み、神社に奉納し、雨乞いを行っている。さらに垢離《こり》を行っている年もある。垢離というのは、神仏に祈願する際に冷水を浴びて心身を清めることである。

⑰十三日　昨日、御嶽山より水を借り、今朝五ッ半時帰る、これに依り鎮守太神宮に請雨・千垢離。小雨、埃を潤せず、酒を呑ましむ
⑱三日　神明拝殿に於いて請雨。御嶽より水を借り村中垢離
⑲九日　村方請雨、御嶽山の神水を借り来たり、原山・神明ヶ谷・中藤組々に別ち祈雨
⑳廿九日　御嶽山より水を借りる

近世から近代にかけて、念仏講は葬送に欠かせない存在であり、代参講は当地域の生活に欠かせない祈願を行っており、地域と密接に結びついていた。まさに当地域で生きていくために当時は住民同士の協力が欠かせなかったのである。しかし、現代は葬送は葬儀会社に任せ、地域住民の中には地域の産業に携わる人びともいるが、兼業もあり、また都会に働きに行く人もおり、人びとが分断されている。そのような環境において地域のつながりを保つのが難しいのが現状である。

巡拝、廻村仏

地域社会からの移動が制限されていた時代に、ある程度の移動を可能とし、非日常の生活を体験しつつ、他地域の人びととの交流を可能としたのは、巡拝に負うところが大きい。巡拝は個人で行う場合もあれば、講により行われる場合もある。江戸・東京の主要霊場八七箇所（三四箇所が観音、

一八箇所が大師、六箇所が阿弥陀仏、二一箇所が七福神、八箇所が地蔵）のうち、半数以上が江戸期に開創されており、江戸期に開創された霊場の中、半数近くが観音である。これは、西国三十三所や四国八十八所をモデルに各地に開創された霊場と同じく、江戸においても次々と開創された結果である。

左（①〜③）は、江戸期の日記『石川日記』に見える巡拝の記述（①明和二年〈一七六五〉二月、②③安永二年〈一七七三〉三月）である。石川日記というのは、八王子市域に住む石川善兵衛が享保五年（一七二〇）四月から書きはじめた農事日記である。

①十五日晴天　元八王子より川口迄　女中連十三人　八王子三十三所　札打ニ出
②廿二日雨天　源介抔十人余　八王子三十三所参り
③廿三日薄晴天　此日も三十三所参り

また、山岳信仰においても巡拝が見られる。富士講の場合、登山三十三度の満願成就《まんがんじょうじゅ》の後、大先《せん》達《だつ》となった先達には、小先達、脇先達という助手がつく。そして、この小先達が独立して一講を立てると、同じ講印を与え、布教を許し、これが枝講《えだこう》となり、元講《もとこう》と枝講はまとめて惣講《そうこう》となる。先達というのは、講中にあっては宗教的指導者であり、登拝や巡拝の際には先導者としての役割を果たす人のことである。また、文化年間（一八〇四〜一八一七）の地区睦《ぼく》である江戸十三講のように、旧異なる講印であっても同じ地区にあるということで集まって親睦を深めることもある。そして、旧暦六月朔日《ついたち》に山開きの祭礼が関東一円の浅間《せんげん》神社や富士塚で行われ、浅間社（富士塚も浅間社）を巡拝する浅間参り（富士参り）が行われてきた。富士塚というのは、富士信仰に基づき、富士山に模して造営された人工の山や塚で、頂上には浅間神社を祀り、関東地方を中心に分布していた。地区により何箇所の浅間社を巡拝するかは異なっており、江戸は「七浅間参り」、群馬県には「三十三社浅間」と数日かかる巡拝もある。また、「百仙元《せんげん》」（富士講の神名は仙元）という百箇所の仙元社を巡拝する信仰行事が利根川流域にある講の資料から見つかっており、これを寒行としている講もある。

以上のように、江戸期に存在した霊場は多く、講による巡拝が盛んに行われており、それらは僧侶が関わっていたものもあれば、講が中心になって行われていたものもある。後者の場合、講のリーダー的存在となるのは先達である。また、巡拝のほかに、仏を厨子《ずし》に入れ他地域へと移動させる廻村《かいそん》仏もあった。巡拝や廻村仏の動機は、宗教的動機のほかに巡拝者同士や他地域住民との情報交換という動機もある。千葉や茨城など関東地域において札所を抱える村は、その村の講員が巡拝者への接待をすることもあった。

二　絆をめぐる物語

代受苦

絆が断つにしのびない恩愛で結ばれており、無償の愛が介在していると考えると、人間を愛するがゆえに、人間に代わって苦しみを受ける神の姿に神と人間との絆を見ることができるだろう。人間は神の苦しむ姿に己《おの》れのいたらなさや申し訳なさを感じ、自戒の念を抱いたことだろう。和辻哲郎は寺社の縁起物語（『熊野の本地』『厳島の縁起』『みしま』）を挙げ、室町時代末期の日本の民衆にとって苦しむ神、蘇りの神は親しいものであったと述べている（『埋もれた日本』）。たとえば、『熊野の本地』はインドが舞台であるが、日本の宮廷を思わせる設定である。多くの女御や后《きさき》にねたまれた美しい女御が王の子を宿しながらも山中において頸《くび》を切られ、頸なき姿で皇子を育て、ついには皇子と王と聖人とともにインドから日本に飛来し熊野三所権現になるという筋書きである。その女御は人間が味わうであろう苦しみを味わい、その後、神として蘇《よみがえ》る。苦しみを味わう過程はとくに詳細に語られ、むごたらしさが強調され、神の代受苦を人びとに印象づける。

この代受苦の思想は、語り物の世界にも深く根を下ろすことになるのであるが、鈴鹿千代乃《すずかちよの》は代受苦を表した浄瑠璃として『菅原伝授手習鑑《すがわらでんじゅてならいかがみ》』寺子屋の段（一七四六年初演）ほか五つの段を挙げている（『神道民俗芸能の源流』）。これらは、主人公が忠義や恩に報いるために、みずからの近親者を身代わりとして差し出したり、特定の女が想いを寄せる男や子のために、みずからの命を差し出すといったものである。彼らの死によってある者の命は救われ、またある者は目的を達せられるのである。そして、生き残った近親者は亡くなった彼らの菩提を弔《とむら》うといった筋書きなのだが、彼らと彼らによって救われた者は情愛によって結ばれている絆の究極の現れなのではないだろうか。

貴種流離譚

かつて権力の中枢《ちゅうすう》に生まれながら、不運に見舞われ社会の片隅に生きた人びと、また、権力闘争に敗れ、反逆者の汚名を着せられ、処罰された人びとがいた。彼らはつながりを絶たれた余計者だったかもしれないが、彼らを題材とした神話や伝説が語り継がれていく。折口信夫は、このあたりを貴種流離譚《きしゅりゅうりたん》と命名する。それは、若い神や英雄が他郷をさまよい、さまざまな試練を克服し、その結果、神や尊い存在となった、とする説話の一類型である。英雄伝説の主人公、ヤマトタケルはその一例で、また「大和は国の真秀《まほ》ろば畳《たた》なづく」という歌謡につながる。

『古事記』『日本書紀』によると、ヤマトタケルは景行《けいこう》天皇の皇子であるが、気性が激しく天皇に敬遠され、九州の熊襲《くまそ》征伐《せいばつ》に行かされ、さらに伊勢にいた叔母から草薙剣《くさなぎのつるぎ》をさずかって東国の蝦夷《えみし》を平定、帰途伊勢の能褒野《のぼの》で病死したとされる。しかし、『常陸国風土記《ひたちのくにふどき》』にも見られるヤマトタケルの伝承は、記紀のヤマトタケルの伝承が東国の人びとに受容される過程で再解釈されたもので、国占めに際しての一連の儀礼をめぐる様子、すなわち巡行途上、井泉《せいせん》を寿《ことほ》ぐ儀礼を行い、当地の首長から食物の供献《きょうけん》を受け、国見の儀礼を行い、土地に名づけを施すということに焦点が絞られる。

赤坂憲雄は、この『風土記』のような伝承——「都から遠い辺境の民が、流離する貴種としての天皇や皇子を歓待し、さまざまな奇瑞《きずい》をあたえられる。そして、貴種に連なる者らは死後にカミへと祀りあげられ、土着の信仰の一角に組み込まれる」——を〈常民型〉の貴種流離譚と名づける

（「流離する王の物語」）。これに対し、職人たちの由緒書に見出される「みずからの職掌《しょくしょう》の由来を、病いや罪あって宮廷を去った皇子・皇女とのかかわりに求める物語の構図」を〈職人型〉の貴種流離譚と名づける。そこに、平家語り（『平家物語』）の琵琶法師の芸能座である当道座《とうどうざ》の祖神として、疾病のため失明した人康親王《さねやすしんのう》を祭祀するなどを挙げている。どちらの貴種流離譚も、絆を絶たれた哀れな人びとだったかもしれないが、貴種であるがゆえ、庶民に祀り上げられる結果ともなっている。

近世に向けての伝説

戦国期から近世初期（十五世紀後半から十七世紀半ば頃）は、「乱」「紛争」の多く発生する時期で、日本の人びとは多くの「戦い」のもとで誰もが変動する大きな体験をした。それを種々に経てやがて統一された日本は、「鎖国」「封建制」ともいわれる、より閉じた構造のもと「徳川の平和」（Pax Tokugawana）と後に呼ばれる内部的な充実と交流をはかる時期になる。産業や商業も発達するが、農業を基礎にして天人相関の考えがあったといわれる。「講」（第一節）の活動は、その時期の祭祀的な広がりともいえる。

一方で、それ以前の戦国乱世期は、「日本」内部の現象だけではない、大きな対外交流期であり、大航海時代といわれる西欧から世界的な介入があり、また日本から文禄・慶長の役（朝鮮出兵）といわれる軍事侵略（戦役）が行われた。ただし、その時期に内容としてあったのは戦いだけではない。宗教とも関わった芸能や物語、辞書の作成も行われており、人びとのつながりが広がっていく。

その印象的人物として、半盲目だった琵琶法師がいる。彼は、ザビエルのキリシタン布教時に山口で受洗し、ロレンソと称して広く活動した。やがてその周囲から『平家物語』をはじめとする日本語のローマ字表記の書物、教理書また『日葡辞書《にっぽじしょ》』などが多く出版されるが、ロレンソが端緒を開いた。その布教活動はやがて弾圧されるが、最大の一揆とも呼ばれる島原の乱（一六三七〜三八年）の首領として受洗者の天草四郎がいる。また、後に潜伏キリシタンと呼ばれる語り物や記録を残した人々がいる。

幕末以後に発見されたものだけではない。似たものが広く語られ、やがて出版さえ行われた。こうした動きは、遡れば先に触れた貴種流離譚が内容を変容しつつ微妙な広がりを起こしているのだともいえる。そこに「説経集《せっきょうしゅう》」（中世末から近世に行われた語り物で、仏教の説経唱導からはじまって、大道芸・門付芸《かどつけ》として発達し、三味線などの音曲を採り入れた操り人形芝居として人気を博した。説経節ともいう）などを並行させせることも可能だろう。そこには宗教があるのだが、それは、歴史的にはっきり決まった分類が行われる以前の、人びとの体験的な動きがまずそこにあったに違いない。

『阿弥陀《あみだ》の胸割《むねわり》』という説経節は、実際、慶長十八年（一六一三）に、さらに浄瑠璃のように上演され、当時の人びとの注目をたいへん集めた、といわれる（和辻哲郎『歌舞伎と操り浄瑠璃』）。その内容は次の通りである。昔の天竺において、息子の奇病を治したい長者が、同じ相性の女子の生き肝《いぎも》を薬として息子に与えれば平癒するという博士（陰陽道などに通じた占い者）のお告げを受ける。そこへ孤児となっていた姉弟の女子（天寿姫）が長者の元を訪れ、姉弟の親の菩提を弔うための阿弥陀堂（阿弥陀仏・観音菩薩・勢至菩薩の三尊制作と御堂）の建立を条件に、（長者の息子と同じ相性の）みずからの生き肝を差し出す。それによって長者の息子の病は平癒するが、生き肝を取られて死んだはずの天寿姫は弟とともに生きたまま御堂で安らかに伏しており、その代わりに阿弥陀仏の胸が割かれて血みどろになっていた、という物語である。

『阿弥陀の胸割』には先立って、またその後も、身代わりになり血を流しさえする「阿弥陀、観音、地蔵の説話」がある。また、近世期にこの「生き肝」観は種々の芸能で見られた、という（原道生「「身替り」劇をめぐっての試論」）。だが、それにしても『阿弥陀の胸割』の上演が、まさに幕府が慶長十七年（一六一二）に「伴天連《バテレン》徒党禁令」を発令して、身代わりの十字架を「邪教」とした直後であることには驚かされる。以前から、「苦しむ神あるいは死んで蘇る神を描いている多くの縁起物語」（『熊野本地』『厳島の縁起』『三嶋』）があったが、和辻哲郎はこれらを日本に見出される「宗教伝説」だという。そして、かかる伝説を知る和辻のような戦時期を生きた人びとにとっては、「神々の血みどろの姿も決して珍しくない」ものだった。『阿弥陀の胸割』は、その珍しくないものを「浄瑠璃の世界に流し込むという役目をつとめたものにほかならない」という。そうとらえると「徳川の平和」における浄瑠璃や歌舞伎にも、その伝説は生々しく息づいていたことになる。

それは簡単にいえば、本節でもみた「代受苦」なのだが、だとしても、それが近代に向けて次第に周辺化・低層化ないし外部化されたとはいえるだろう。日本の近世以後の世俗的秩序は、キリシタンの十字架的な殉教論は排され、そのことでひるがえって人びとを国家に回収する構造になった。

三　大きなつながり

近世の根底とつながり・絆

近世の秩序は、全体的には「封建制」だが、内部では人を「家」の地位・仕事で分類していく「身分制」であった、といわれる（横田冬彦「近世の身分制」）。また、その地位・仕事は、家の「種姓」に基づく「士・農工商・穢多非人《えたひにん》」であったといわれる（成澤榮壽『部落史の研究 前近代篇』）。

この身分制の分類を下から見ていくと、「穢多非人」は「賤民《せんみん》」であり、動物やその皮革の処理・加工などの雑業を行った。それは、実際に法制史において近代初期まで見出される用語であった。「農工商」は、現在からの分類では農業を基礎にして、漁業、商工業また芸能や医術をはじめさまざまな仕事が結びついていた。また「士」は武士であるが、刀は芸において持つもので、その地位や給料は稲作の「石《こく》」であった。さらに十分記録されないものとして京都の公家・天皇家がその上位・周囲に関係していた。

また、実際の帳面・台帳として住民票に似たものが形成され、それが各藩へと拡大するが、そこにキリシタンの宗門改《しゅうもんあらため》の記録（宗門人別改帳《しゅうもんにんべつあらためちょう》）があり、そこに「ころび」（転宗者）の子孫が「類族」として帳面に記録されていた（横田冬彦「近世の身分制」）。また、家の身分や牛馬数、妻・奉公人などの記録（「家数人馬書上帳」）が結びつきもした。いわば家や仕事を中心とし、またキリシタンでないことを証明する住民票が各藩で作られながら拡大し、そうした記録とは違う公家・天皇が上位・周囲に位置づくといったことが、「島国」内で広がった。寺院また神社は、そこに祭祀・葬式また生活形態の様相として関係していたわけである。

本章第一節でとらえた「講」は、生活形態の様相が持つ「つながり」であった。そしてそれは、右の宗門改の記録内にもあるが、それ以外のつながりとしてあるのが、一節の最後に触れた富士講である。その場合、江戸近辺にも信者が増えて発展し、身禄《みろく》派をはじめ多くの派が生まれ、社会活動や病気治し、さらに大飢饉《ききん》や打ち壊しのなかで「みろくの世」を予言する救世観も述べられて幕末につながった。また、真面目に職業を務めるなら亡くなっても「富貴自在の身に生れ増《ます》」と生まれ変わりを約束していること、さらに男女平等観をうたっていた、といわれる（宮田登『すくいの神とお富士さん』など）。

「富士講」とは違った大きなつながりとして近世には、伊勢をめぐる「おかげまいり」また「ええじゃないか」がある。まず、時期が長く周期が何度も起こった「おかげまいり」は、元来「おかげ」「おきぎ」などと称する神木を神社から授かり、各田中に立てて豊作を祈った儀礼だった、といわれる。それが戦国末から近世には伊勢神宮への集団参宮となり、そこに商人たちへの流れも加わって「抜《ぬけ》参り」といわれる身分制度に縛られない祭りとなり、祝《いわ》い事にもなった、という。一六五〇年（慶安三）には正月から五月までに、一日五、六百人から二千人以上にまでなった。東北を除く各地、都市および近郊農村を中心に十九世紀までしばしば何度も起こった大きな儀礼だった（藤谷俊雄『「おかげまいり」と「ええじゃないか」』、同「近世「おかげまいり」考」）。伊勢神宮への動きは、戦国期のキリシタンの側にも見られたし、その後、本居宣長『古事記伝』の登場を待たないでも広く集結が見られたわけである。

「ええじゃないか」は、幕末の騒ぎともなる祭りである。一八六七年（慶応三）八月から翌年四月頃にかけて、近畿・東海・中国・四国地方を中心に起こり、神符《しんぷ》（お札）に神が下ってくるとして囃子《はやし》に合わせて町・村単位における「世直し」踊の様相を呈した。「慶応当時はお下り（駿河、近江）、御札降り（遠江）、おかげ（伊勢、河内）、おかげ騒動（伊勢）、おかげ祭（信濃）、大踊（阿波、備前）、雀踊（淡路）、チョイトサ祭（信濃）、ヤッチョロ祭（信濃）などと呼ばれることが多かった。学術用語として〈ええじゃないか〉が学界に定着したのは一九三一年以後のこと」「降下した神符類のうちでは伊勢の御師《おし》の配布した御札・御祓《おはらい》が多かったが，その他その地域で信仰されていた社寺の御札，仏画，仏像など雑多であった」という（西垣晴次『ええじゃないか――民衆運動の系譜』ほか）。まさに幕末・維新に向けての宗教的分類を越えた解放のような運動が発生し、つながりが広がっていったことがわかる。

明治維新後に見る絆のゆくえ

明治維新後、人びとには封建制とは異なった新たな絆をもつ可能性が開かれることになる。「おかげまいり」「ええじゃないか」は、かつての形態から抜き出ているとしても「祭り」の枠を持っている。ただ、維新後はそれ以前とは違った「自由」がある。それはどこに位置づき、意味を持っているのか。福沢諭吉『学問のすゝめ』（一八七二〜七六年〈明治五〜九〉）はよく知られているが、次のような文章からはじまる。

「天は人の上に人を造らず人の下に人を造らず」と言えり。されば天より人を生ずるには、①万人は万人みな同じ位にして、生まれながら貴賤上下の差別なく、万物の霊たる身と④心との働きをもって天地の間にあるよろずの物を資《と》り、もって衣食住の用を達し、②自由自在、互いに人の妨げをなさずして③おのおの安楽にこの世を渡らしめ給うの趣意なり。

人間は、①生まれながら地位が平等で、②互いに妨げないかぎり自由で、③それぞれ安楽に人生を過ごせるよ、と述べている。とはいえ、福沢は、その自由自在の活動は④「天地の間にあるよろずの物を資り、衣食住の用を達する」ことなのだという。ならば、いわば(a)万物を搾取する（よろずの物を資る）、また生活の向上を図る（もって衣食住を達する）とき、人間が(b)邪魔をし（人の妨げをなし）、(c)他人との差異やその不自由を生むことにならないだろうか。

福沢は、「自由と我儘《わがまま》との界《さかい》は、他人の妨げをなすとなさざるとの間にあり」ともさらに述べ、(b)(c)あたりの問題を考えてもいた。それだから「演説」の重要性や『会議弁』をあらわしてもいた（一八七四年〈明治七〉）。ただし、それらの言説はいかに成り立つのか。「天地の間にあるよろずの物を資」るのであり、言わば環境や議が成り立つ「天地」自体はまだ十分考えられていなかったといえる。

これに対してさらに強引に近代化を進めたのは、政府に仕えた後に諸学校、さらに東京帝国大学の総長を務めた加藤弘之《かとうひろゆき》（一八三六〜一九一六）である。彼は一八八二年（明治十五）に、従来の「天《てん》賦《ぷ》人権」を「古来未曾有ノ妄想論」だといい、現実は「弱肉強食世界」の「権力競争」であり「競争ニ於テ優者ガ常ニ捷《かつ》ヲ獲テ劣者ヲ制スルノコト……是レ即所謂優勝劣敗ナリ……万物法ノ一個ノ大定規タル」と強調する（『人権新説』）。より権力国家主義へと変貌したわけである。しかし、これはひるがえって経済力・武力を帯びた負債が支配することになる。実際に負債農民たち「困民党《こんみんとう》」が、「圧制ヲ変ジテ自由ノ世界ヲ」と主張する「秩父事件」があった。このあたり日本史的にどうだったのか。困民党の自由より、優勝劣敗の権力競争の方が主流になったのでは、と思われる。

時代を見ると、その後の日本は、「大日本帝国憲法」（一八八九年〈明治二二〉公布）による「皇祖皇宗ノ神霊」「皇朕」の「臣民」への「告文《こうもん》」「勅語」として、第一条「大日本帝国ハ万世一系ノ天皇之ヲ統治ス」といった枠組みになる。では、臣民は問題が起きたとき、朕《ちん》に対してどうすればいいのか。近世に「富士講」が盛んだった地域社会で公害を問題としてとらえた田中正造《たなかしょうぞう》（一八四一〜一九一三）は、「帝国議会」などで質問・演説を行ったが、どこにも聞き入れられない。一九〇一年（明治三十四）、明治天皇に直訴《じきそ》を行ったが取り押さえられて、失敗に終わった。当時の「帝国」は、日清さらに日露戦争に向かっており、「議会」はもとより「講」も国家から自立して十分活きなかったのではないか。学校・会社などの近代的な組織が公を中心に形成され、寺社や教会も一般的な社会的組織がやはり経済的・組織的に自立できなかった。それは、最初の社会主義政党である社会民主党が即日結社禁止処分を受けたこと（一九〇一年）に見えている。

絶たれた絆と再生

近代日本は「タテ社会」的な構造を強くもち、講や組合などの組織がヨコの関係を十分持てないこと、その意味で絆がかなり絶たれている。さらに、近代化にともなって地域社会が壊れ、ヨコの関係が絶たれている。実際、「講」を見ると、念仏講が担っていた役割を葬儀屋や寺院が担うなど、地域社会が担っていた講の役割が専門家集団へと分化し、講活動にともなう地域のつながりも消えつつある。講は、結成の動機に遡ればその多くは信仰上の諸機能と関わりを持っていた集団である。しかし、現代において講のような地域に結びついた信仰的な関わりのある集団に相応するものはあるだろうか。近現代の交通や流通の拡大により、人びとは簡単に結びつくことができるが、講のように地域や信仰など核となるものを持たないつながりは、解消されやすく、継続性もなく、脆《もろ》いのも事実である。

現代は、情報は流れているが、実際の物事や関係に根ざした家族や友人は失われもする。何か特定の知識を得ても、人びとそれぞれの気持や考えから離れ、その意味で人間は孤立へと向かっているのかもしれない。私たちは無くなったことからの再生に直面しているようである。

つながりを絶たれた人びとはどこに居場所を求めればよいのだろうか。少し歴史を遡ってみよう。戦後、旧満州に置き去りにされた日本人の孤児、いわゆる中国残留孤児が帰国し、「中国では親に捨てられ、日本国籍上は死亡宣告。親からも国からもつながりを絶たれた」と語っていた。結果的には親に捨てられたかたちになってしまったわけだが、戦争という非常時が肉親とのつながりも母国とのつながりも切ってしまったのである。彼らは今、同じ経験を持つ者同士が集まって新たなつながりを築こうとしていた。その時、よい人がいれば、よいつながりができるだろう。

信頼できる人をできるだけ見出して、そこにお互いの関係を作り、それをただ閉じた排他的なものにしないで、無理のない範囲で、だんだんと絆を広げていくこと。そこに評判や噂ではなく、より本当の具体的な交流や学習を作っていくこと。そこに開かれた喜びを見出すこと——こうしたことが可能であり、また必要ではないか。

現代の私たちは、ネット上の薄い絆はずいぶんあっても、深みは持っていないようだ。場面は違っても、それぞれ孤児に似ているのかもしれない。ならば、改めて身近な関係やその意味を見出すこと、よい人やよい物事を発見し、そこにあるよい価値に実際に出会うこと——それが大事なのではないか。そうした具体的なことのために、それぞれの学習や勉強の意味が示されるに違いない。

【討論テーマ例】

1　地域の人びととの交流はありますか？　あるとすれば、どのような交流ですか？
2　孤独死をなくすには、どのようなつながりが必要だと思いますか？
3　家族とはどういうものだと思いますか？
4　つながりから排除されるような「いじめ」にあったら、あなたはどうしますか？
5　あなたはどのような「つながり」がほしいですか？

【キーワード】

講、巡礼、代受苦、富士講、お伊勢まいり

第9章　女性とジェンダー

「今日はいい天気ですね」「あそこのレストランはおいしいですよ」などという丁寧語（です・ます調＝敬体）には、男女差はそれほど感じられない。ただ、「今日はいい天気だね」「あそこのレストランはおいしいわよ」などと親しい間柄での普段の会話では、そこに男性的・女性的とされる発言がよくある。ということは、個々によく使われるとき日本語は意外に男女差が含まれているようだ。そこに男女をめぐるとらえ方や考え方があるから、さらにその発言する人について女らしい、男らしいなどということもある。

だが、そこではいったいどのような人を思いイメージしているのだろうか。ある女性に対して、「あの人は女らしい」と言えば、プラスの評価をしており、「あの人は男みたいだ」と言えば、マイナスの評価をしているらしい。控えめだと女性的で、はっきり言ったり行ったりしていると男性的だと考えているのだろうか。ともかく、ここでは何か「らしく」生きて行為し、営むことが、誰かどこからか求められる。ただ、「らしく」の内容がいつどこでもまったく同じだとはどうも言えない。「らしさ」の背景には何らかの状況や背景があり、それが時代的な場面をも作っているようである。

たとえば、社会科見学などで国技館へ行ったとき、土俵に男子は上がれるのに女子は上がれず、不思議に思ったことはないだろうか。生物学的性を指すセックスに対して、文化的・社会的につくられた性をジェンダーという。ここからいえば、国技館でのお相撲はジェンダーである。しかし、スポーツになると、以前はジェンダーだったとしても現在はだんだんそうではなくなっていることが多い。たとえば、サッカーでは女性のプレイヤーが増えている。水泳や陸上競技は男女両方とも多いし、走るときには混合リレーも登場している。

ただ、つくられた文化的なジェンダーもいろいろなところで残り続けている。年長の人から急に「お茶を入れてくれ」といわれる。同じ仕事なのに、女性は増えない方がいいと考える人もいる。こうした場合、みな同じ人間であるのに、女性であるという理由だけで、何かを決められ、「何かをしろ／するな」とかいわれると、方向づけられてしまい、いわれのない差別を感じることはないだろうか。その差別がはっきりわかると、いやな気持が起こる。それとは逆に、気持が起こらないこともある。子どもや、大人でも比べるものをまったく知らないとき、その社会的な環境のなかでジェンダーに応じた行動を身につけ、疑問にさえ思わなくなってしまうのかもしれない。

女性をめぐる考えは、最初に見たように言葉によく表れる。さらに「女」に関する語句を見てみると、「女の浅知恵」「女だてらに」などマイナス評価のものがすぐに思い浮かぶし、「男をたてる」などの言葉はまるで立派で言うことがないかのようである。こうした例からは、やはり「女」は

「男」の下に位置づけられてきたこともわかる。ただし、いつでもどこでもそうだったわけではない。では、日本において、どのように女性が文化的・社会的につくられてきたのか（一節）、その思想的背景はいかなるものなのか（二節）、さらに女性の連帯について（三節）、その歴史を少し辿《たど》ってみたい。

一　日本における女性の地位の変遷

縄文時代中期以後の土偶は妊産婦をかたどったものが多く、そこに生命を生み出す力を見ているようだ。また、その写し出された土偶が祭祀に用いられるとき、妊産婦はまさに生産や、さらに再生の象徴であった。その後、大陸から日本列島に弥生人と呼ばれる人びとが渡来し、弥生時代が訪れるわけだが、その時代の女性はどのような存在だったのだろうか。

弥生時代後半に出現した邪馬台国の卑弥呼や神話に記された天照大御神では、古代において女性の地位が決して低くはなかったことを示している。『魏志倭人伝《ぎしわじんでん》』からは、卑弥呼は弟の補佐のもと地域を統率していたことがわかる。また『古事記』『日本書紀』になると、天照大御神は祀られる神であるとともに、祀る神であり、神のために耕作し、衣を織る一方、皇祖神として伊勢に鎮座する。その伊勢神宮では、祭祀は斎王《いつきのみこ》（天皇の未婚の皇女）と物忌《ものいみ》（土着氏族の童女）を中心にして、男性たちもそこに役割をもって関わっていた。女性はかなり根本的な地位をもっている。

当時は、祭祀を扱うヒメと軍事・行政を司《つかさど》るヒコという同族の姉弟関係にある男女があり、そこに祭祀と政治を握る体制があったといわれる。日本の女性史研究の草分けといわれる高群逸枝《たかむれいつえ》（一八九四〜一九六四）が『母系制の研究』（一九三八年）でこれを指摘するが、祭祀を女性が行うことは記紀、さらに『風土記《ふどき》』にもみえる。が、それだけではない。ミコ（巫女）によるさまざまな民間伝承が民俗学で多くとらえられている（柳田国男「巫女考」、同『妹の力』）。それはかつて、各地域に広がっていたのだろう。

女性は男性よりも神懸《かみが》かり状態になりやすいといわれ、古代において、祭祀的統一を行う際も、聖に関する職務を担うのはおもに女性だったようである。高群に共感した石牟礼道子《いしむれみちこ》（一九二七〜二〇一八）は、「女性の中に全き人格を感じる感度を欠如して久しい男性の不幸に対し、そしてわたしたちの不幸に対し、この書をともに読みたいと私はねがう」と述べている（「高群全集に思う」）。たしかに、有名な男性をみるだけでなく、歴史の根底や限界で働いている女性を私たちも見出すべきなのだろう。

では、祭祀において女性の職務は一般には何だったのだろうか。佐々木宏幹《ささきこうかん》は、「祭司」を人間・社会を代表して神霊・精霊に関係する者とし、「シャーマン」を神霊・精霊とトランス状態において直接交流・交渉するものとする（『憑霊とシャーマン』）。また、その祭司がまた神懸りしてシャーマンとなるとも言っている。この分類で先の『魏志倭人伝』の記述をみると、そこでは卑弥呼は「軌道に事《つか》え、能《よ》く衆を惑わす」とあり、自身はシャーマンで、弟はそれを社会的に広げる祭司者だったことになる。

しかし、民間はともかく体制においては、このヒメとヒコのあり方は、ヤマト政権の崇神天皇の時代に転換期を迎える。神話によると、天照大御神は宮殿内祭祀を神勅したのだが、崇神天皇の時代に疫病が流行り、その原因を神人共殿の祟《たた》りとして、宮殿内で祀ってきた天照大御神、倭大国魂神《やまとおおくにたまのかみ》の二神を宮殿外に遷《うつ》すことになる。また、祟りをおこした大物主神《おおものぬしのかみ》も倭大国魂神も神女や皇女に祀らせるが効果はなく、臣下である男性祭主に祀らせた結果、祟りが収まる。天照大御神については皇女に祀らせたがうまくいかず、伊勢に斎宮《いつきのみや》を興す結果となる。ヒメとヒコの体制は残るとしてもおそらくは宮廷内部のものに留まり、一般に向けて祭祀が広がり、それが天皇の管理下におかれる。七世紀後半以後の律令国家段階においても天皇が神祇官の支えのもと、祭祀を執り行う体制が続く。

律令制においては、家父長的な法制度が中国から日本に導入され、元来の慣習に合わせながらも男性優位の体制をとっていくことになる。ただ、日本の古代には六人〈そのうち二人が重祚《ちょうそ》〈一度退位した天皇が再度即位すること〉しており、計八代〉の女帝が誕生している。「推古《すいこ》〈在位五九二〜六二八年〉・皇極《こうぎょく》〈在位六四二〜四五年〉＝斉明《さいめい》〈在位六五五〜六一年〉・持統《じとう》〈在位六八六〜九七年〉」〈以上、前半〉、「元明《げんめい》〈在位七〇七〜一五年〉・元正《げんしょう》〈在位七一五〜二四年〉・孝謙《こうけん》〈在位七四九〜五八年〉＝称徳《しょうとく》〈在位七六四〜七〇年〉」とすると、前半の女帝は、天皇の后であるだけでなく、聖なる存在としても天皇を支えており、「ヒメ・ヒコの制度」のヒメを引き継ぐ存在でもあったが、元明と元正は中継ぎである。そして、孝謙＝称徳は、聖武天皇と光明皇后の娘であるが、その後に男子が生まれることを期待しての中継ぎだったのではないかと見られている。時代が下ると女帝は、江戸時代の二代を最後に見られなくなる。

古代の祭祀的統一から政治的統治に向かって律令国家としての政治的体制が整っていくなかで、女性の生き方にどのような変化があったのだろうか。平安時代には、女性は女官として体制を支える側で活躍し、女流文学という文化遺産を残している。十四世紀までに女性がすぐれた文学を生み出した背景として、女性が早くから独自の文字（平仮名）を用いていたことを挙げるとともに、十四世紀を境に社会の転換があったと網野《あみの》善彦《よしひこ》は述べている（『日本の歴史をよみなおす（全）』）。十四世紀といえば、一三三三年に鎌倉幕府が滅び、南北朝、室町時代に続く動乱期である。一三九二年に南北朝が統一されたものの、室町幕府は地方の守護大名などの影響を受ける不安定な政権であったといわれる。武が社会を圧倒し、律令制は形式ばかりとなり、貴族の権力が徐々に衰退し、公における女性の居場所がなくなってしまった結果なのかもしれない。鎌倉時代の土地の売買証文には女性が現れており、西日本については、網野が若狭国（現在の福井県西部）の資料をもとに、南北朝までの女性は公式の職に任命され、みずからの名前で所領を保持し、活発に動いていたと論じている。女性の物売りや手工業者の姿が見える『七十一番職人歌合』（一五〇〇年〈明応九〉十一月頃の成立）には一四二種の職人が登場するが、そのうち三四種（二四％）が女性の職人である。『七十一番職人歌合』は原本が不明で、現存するものはすべて近世の伝本というが（『職人尽歌合』）、中世に作られた職人歌合の最後の作品で、七一番・一四二種の職人が登場し、歌数は四六五首にのぼる。

『職人尽歌合』に描かれた女性（右：第四番、左：第十四番。国立国会図書館デジタルコレクション）

しかし、時代が下るにつれ、手工業関係の職業も男性に取って代わられてしまい、十六・十七世紀になると女性は歴史的に見える表舞台から姿を消してしまう。土地財産、所領における女性の権利も室町時代になると弱くなり、江戸時代になると正式になくなってしまうのである。ただ、動産については女性の権利が保持されることが多く、江戸時代においても嫁入り道具などは女性が財産権を持っていたという。

それは、女性は中世の家屋のなかで最も中心的な場である塗籠《ぬりごめ》（夫婦の寝室であり、財物を収納する場所）の管理者であったことと関係があるのかもしれない（保立道久『中世の愛と従属』）。また、鎌倉から南北朝まで、高利貸などの金融業者に女性が多く、女性が倉の管理者であったということも関連しているのではないかといわれる。倉には米や銭が聖なる神物、仏物である初穂《はつほ》などの名目で納められており、それが金融の資本となり、利息が取られていることから、女性を聖なるものに結びつく存在と考えていたのかもしれない。初穂というのは、神仏または朝廷に献上するその年はじめて収穫した穀物のことである。

江戸時代、とくに武家においては、戦いの伝統に加えて官学となる朱子学の影響もあり、家父長制がより徹底する。男性の優位が確立し、

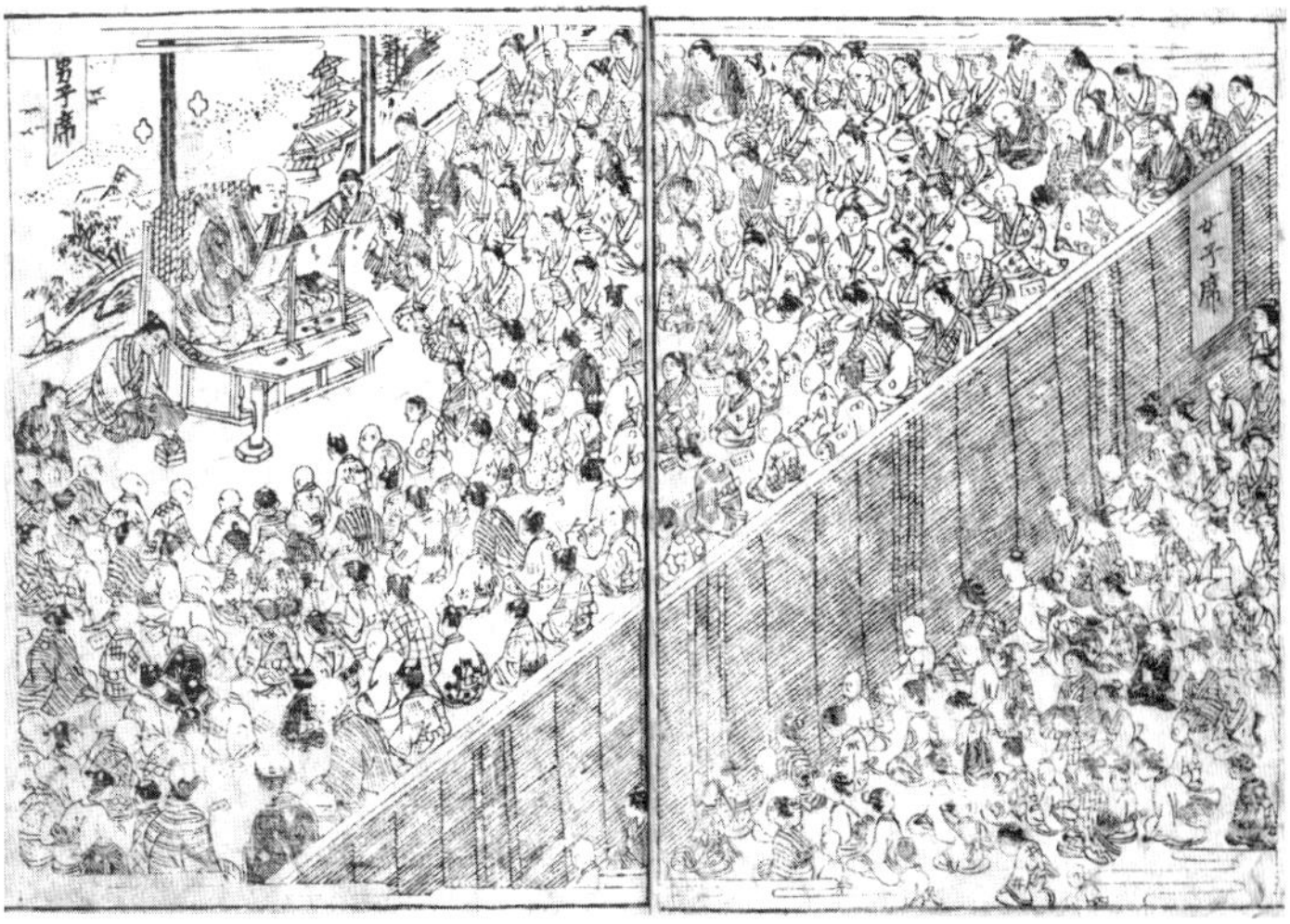

手島堵庵『前訓』挿絵（東京学芸大学附属図書館所蔵）

女性の地位はますます低下し、女性は家で男性にしたがって生きる存在になる。そこでの女性の存在意義は、家を存続させ、繁栄させることであり、その貞操観念をはじめ、日常生活を営むうえで女性は縛られていく。ただし、支配者層ではそうであっても、一般の庶民がそうだったわけではない。農業や商業また文芸において女性は重要である。商人を含めた学問を推進した石田梅岩は、誰もが天の下では同じだ、と考えていた。梅岩の没後さらに発展した石門心学では、上のような絵がその文章とともに残っている（手島堵庵『前訓』）。そこでは男女が分けられていても、どこかお風呂のようだし、かなり女性の数も多いことがわかる（上図参照）。

　江戸時代の武家は男性中心だったが、それは一部の身分の人だった。ただ、明治維新以後、臣民意識が広がるとともに、近世的な武家の女性の周縁化が政治や国の中心を形づくることになる。中央主権国家を支える皇国臣民を生み育てるものとしては、女性の役割は認められるものの、あくまでも国家や政治の地位においては男性第一である。女性はそれに献身するものであり、女性個々人が重視されるわけではなかった。

しかし、近代化にともない、『青鞜《せいとう》』など女性が社会に向かって発言する機会が増えていったことも事実である。『青鞜』は、平塚らいてう（一八八六～一九七一）が主導して結成した青鞜社の機関誌で、一九一一年（明治四十四）九月に発行され、一九一六年（大正五）まで続いた月刊の婦人文芸雑誌である。途中二回休刊したが、通巻五二冊に上る。らいてうは創刊号で「元始《げんし》、女性は太陽であった。真正の人であった。今、女性は月である。他に依って生き、他の光によって輝く、病人のような蒼白い顔の月である」と、発刊の辞を書いた（「元始女性は太陽であった」）。この辞《ことば》からは、当時の女性の生活が垣間《かいま》見られるようである。『青鞜』の最も大きなテーマは「自立」と「恋愛」である。同じく青鞜社の伊藤野枝《いとうのえ》（一八九五～一九二三）には、「貞女両夫に見えず」は不自然な道徳だから、処女とか貞操とかはまるで無視することを考えよ、との主張がある（「貞操に就いての雑感」）。当時、処女崇拝や貞操観念が女性を束縛してきたことがわかる。また、自立への道筋は、妊娠、出産、育児をいかに両立させるのかを外国の思想を援用しつつ論争が展開され、それは社会体制への批判へとつながっていった。現実社会の中で揺れ動きながら女性の生き方を模索していった女性だったが、近代戦争に向かっていく国家にあって、それを勝ち抜くため、母性保護が利用される結果ともなった。

二　女性の思想的位置づけ

今後のよい方向を見出すため、反省を含め（偏見に基づいた見方があることを承知のうえで）、これまでの女性観の様子を見てみよう。文化的・社会的につくられてきたジェンダーの思想的背景として、神道、仏教、儒教からの女性の位置づけがある。

出血をともなう生理や妊娠を穢《けが》れとして神事から遠ざける慣行は、律令の施行細則で平安初期の宮中の年中儀式や制度などを漢文で記した『延喜式《えんぎしき》』（九二七年に藤原忠平らが撰進し、九六七年施行）にも見られるが、それはあくまでも血の穢れであり、女性が古代から祭祀に深く関わってきたことを考えれば、穢れのある最中は祭祀に臨《のぞ》めないということだけであって、女性の本質を否定したものではなかったと思われる。また、当時すでに入ってきていた仏教でも、もともと女性蔑視の考えはなかったといわれる。実際、奈良時代の七四一年（天平十三）、聖武天皇によって国分寺《こくぶんじ》が国内に多く作られるが、それらは国分僧寺《そうじ》と国分尼寺《にじ》の両方を併せ持っている。

しかし、神道においても、国全体に制度となって拡がるなかで、血の穢れからの浄化、女性の本質を不浄とする流れが生まれたらしい。また、仏教においても、大乗仏教――自分ひとりの悟りのためではなく、多くの人びとを理想世界である彼岸に運ぶ大きなすぐれた乗物という意味――が菩薩のイメージとされ、国内に拡大するなかで、女性の地位が揺らぎはじめる。

九世紀後半以後、女性について、「五障《ごしょう》」「三従《さんじゅう》」「変成男子《へんじょうなんし》」などといわれるようになり、十一世紀ごろからは女性が男僧の成仏や往生を妨げる存在として語られもする。「五障」とは、女性のもつ五種類の障害のことで、女性は修行しても、梵天王《ぼんてんのう》・帝釈天《たいしゃくてん》・魔王《まおう》・転輪聖王《てんりんじょうおう》・仏にはなれないということである。「三従」とは、中国で古来用いられた婦人の生涯に対する戒《いまし》めの文言で、『礼《らい》記《き》』や『儀礼《ぎらい》』などにもみえる。女性は「幼にしては父兄に従い、嫁しては夫に従い、夫死しては(老いては)子に従う」ものとされ、家庭のなかにおける婦人の従属性を示す言葉である。「変成男子」とは、女子には五障があって成仏が困難なので、仏の功徳によって女子が男子に生まれ変わり、男身を得て成仏するということである。

その後、平安末期の浄土宗の僧である法然(一一三三～一二一二)は、阿弥陀仏とその浄土に関する代表的な経典を浄土三部経(『無量寿経』『観無量寿経』『阿弥陀経』)と名づけ、『無量寿経』を講説した(『無量寿経釈』)。法蔵《ほうぞう》菩薩が四八の大願を立ててついに阿弥陀仏となり、衆生を救うとする『無《む》量寿経《ようじゅきょう》釈』の第三十五願は、「女人往生の願」として、法然によって別立てされたもので、女性は前世からの宿業《しゅくごう》の結果、五障三従として生まれ、その悪因として罪を犯し、さらに来世での苦果を招く存在であると語られている(川内教彰「『血盆経』受容の思想的背景をめぐって」)。もともとの経典にない文言が創作され、女性が罪深い存在として語られ、その思想が普及していったのである。皇祖神の天照大御神に女性の罪業《ざいごう》を負わせるわけにもいかず、中世には天照大御神は男神とされる例も出てくる。

また、女性が女性特有の出血のために、死後、血の池地獄に堕《お》ちることからの救済を説く、中国より伝来した偽経の『血盆経』から、江戸時代には女性の生理的な出血を五欲、三毒の罪業によるものとする異説が生まれ、女性は血の池地獄に堕ちると説かれるにいたる。五欲という仏教用語は、人間がもつ五つの欲で、色・声・香・味・触の五境に対して起こす欲望（財欲・色欲・飲食欲・名欲・睡眠欲）のことである。三毒という仏教用語は、人の善心を害する三種の煩悩《ぼんのう》で貪《とん》・瞋《しん》・痴《ち》のことである。「貪」は貪欲であり、非常に欲の深いことである。「瞋」は瞋恚《しんい》であり、自分の心に逆らうものを怒り恨むことである。「痴」は根本の真理を知らないことである。多摩地域に残る江戸時代の仏教歌謡である和讃にも「血の池地獄」の和讃が見え、絵解きなども行われていたようであるから、字が読めない女性であっても、女性であることに恐怖を感じていたと思われる。

江戸時代は朱子学が武家支配にともなって学ばれ、武士や庶民といった身分にかかわらず、儒学が浸透していった時代である。中国では宋以後、礼節からはずれた行いを咎《とが》とする思想から女性の再婚禁止が強調され、朱子学の流行とともに女性の再婚を忌むようになった。山崎闇斎は修身斉家と子孫繁栄に加え、女性の再婚を禁止し、貞操観念に影響を与えたが、これも朱子学の影響によるものだろう。

『和俗童子訓《わぞくどうじくん》』は江戸時代前期〜中期の儒者、本草家《ほんぞうか》、教育家であった貝原益軒《かいばらえきけん》（一六三〇〜一七一四）によって宝永七年（一七一〇）に書かれた教育論であるが、巻之五は女子教育である。「男女の別」や「三従」や「七去」（妻を離縁できる七つの事由）のほか女のあるべき姿を説いているが、この内容は後の人々によって改修され、『女大学』の書名で広く普及することとなる。このような思想が、近代、さらに細々とではあるが現代に至るまで生き続け、女性に学問は不必要であり、女性はただ素直に親や夫にしたがって生きていく存在として定着してしまったのである。

三　女性の連帯

多くの女性が男性への従属を余儀なくされた十四・十五世紀以後、彼女らの精神的支柱となったものは何だったのだろうか、それを「講」を中心に先行研究から見ていきたい。

女性という性を宿命として背負い、それゆえに多くの試練と向き合わなければならなかった女性たちは、女性同士がつながることで支え合ってきた。女性は、①現世での女性の営み（出産・子育てなど）への不安、②女性の死後への恐怖から逃れるため、神仏を心の支えに活動している。

①の例として、丸谷仁美の報告を挙げる（「利根川下流域の女人講」）。千葉県香取郡下総町中里の楽《らく》満《まん》寺《じ》は、如意輪観音を本尊とする安産子育の寺として信仰されている。徐々に以前と様相が変わりつつあるとはいえ、楽満寺で行う「しょい観音」「札ブチ」は、利根川下流域の女人講の若い女性たちの活動に負うところが大きい。「しょい観音」は女人講の若い女性たちが観音像の入った厨子《ずし》を隣村まで送る江戸末期から明治初期頃はじまった行事である。また、「札ブチ」は住職の先導の下、観音堂を回る巡礼であるが、巡礼先での接待はその村の一番若い女性たちの女人講が当たるこ

とが多いという。さらに、産死者、とくに若い女性の死者供養を主目的に女人講独自の七観音参りなどもあり、観音信仰を支えに女性たちで集まる機会が多い。

時代は遡るが、②の例として、穢れに苛《さいな》まれつつ、浄土を願う女性たちが加法経の信仰に向ったという近江蒲生郡《おうみがもう》の記録（一三八六年〈応安元〉～）がある。祭祀から女性が排除されつつある時代、近江蒲生郡では、正月行事「家鎮《けちん》」への女房座の参加が記録に残る。補助的な役割であったにせよ、惣（中世村落における住民結合の一形態）の女房で組織され、祭祀に関わっていたのである。そして、その惣有田（神田・加法経田）に女性が寄進するなどの記録から、女性が加法経を信仰していたことがわかる。加法経とは仏法、とくに法華経の書写・奉納による結縁《けちえん》、供養を目指すもので、『法華経』には女人成仏の話があり、また仏教説話集には産死した女性や母親が法華経の書写により滅罪したとの話がある。

明治時代になると、近代化を迎え、女性も殖産興業の一役を担う立場に置かれるが、女性ゆえに生じる社会の不正義と向き合わざるをえなくなる。「日本の女性三大ストライキ」という論説があるが、そこに採り上げられているのは、甲府の製糸女工のストライキと東雲楼《しののめろう》の遊女ストライキと岡谷の製糸女工ストライキである。社会の底辺で辛い境遇に立たされた女性同士が現状を打破しようと連帯しているのだが、その支援に当たっているのは、キリスト教系の団体や社会主義系の団体である。公娼《こうしょう》制度廃止の活動には、救世軍、日本基督教婦人矯風会《きょうふうかい》などのキリスト教の団体が活躍している。当時の日本において社会から虐げられた女性の存在は、団体の教義に反していたのだろう。救世軍というのは、民衆伝道と社会事業を行うキリスト教プロテスタントの一派であり、一八七八年にイギリスで創始され、一八九五年に日本に支部が設けられた。矯風会というのは、キリスト教婦人矯風会の略称で、一八七三年アメリカに起こり、八四年に国際的組織となり、九三年に日本基督教婦人矯風会が組織された。

甲府の製糸女工のストライキは、記録に残る日本初のストライキといわれ、『山梨日日新聞』（一八八六年〈明治十九〉六月十六日付）によると、雨宮製糸《あめみやせいし》の工場主が蚕糸業組合の規約をもとに、女工の工場移動禁止、労働時間の延長、賃金の切り下げ、遅刻の罰金などを実施したところ、これを不満とする女工百余名ほどが近くの寺（瑞泉寺？）に立て籠《こ》もり、異議申し立てをしたというものである。寺に籠もる行為は、寺が弱者を庇護《ひご》する聖域として認識されているからであり、雨宮製糸の女工の争議以外にも、遊郭のストライキなどに散見する。従来の慣習に流され、個人では抗《あらが》えない状況にあっても連帯することで活路を見出していく力強い女性の姿を、当時の労働争議から見ることができる。

選挙については、一八八九年（明治二十二）、大日本帝国憲法とともに衆議院議員選挙法が公布されたが、二十五歳以上の男性で国税一五円以上納めていなければ投票ができなかった。当時、それは大変な年収だった。大正デモクラシーを経て、一九二五年（大正十四）には、その選挙権の制限が緩和され、男性はたいてい投票できるようになった。当時、女性参政権運動は、平塚らいてうやその継承者による日本婦人参政権協会も出来て（一九二一年）、活動が盛んであった。ただし、女性が実際、制度上、衆議院選挙、地方議員選挙に投票・立候補できるようになったのは一九四五年末から四六年にかけてで、ようやく女性代議士も生まれる。また、貴族院が参議院になった一九四七年からは、女性がどの選挙にも参加できるようになった。婦人参政権運動では、市川房枝（一八九三〜一九八一）がよく知られている。

しかし、日本では、国家や政治や官僚といった中心的な場所には女性がまだ少ない。それでも、農林漁業などの地方のさまざまな分野、あるいは学校では女性が増え続けている。この傾向は、今後は政治にも及ぶのだろう。すると、そこに日本なりのよい制度が生まれるかもしれない。

【討論テーマ例】

1　生まれ変われるとしたら、あなたは女性に生まれたいですか、それとも男性に生まれたいですか？その理由は、何ですか？

2　あなたは同性や異性に「らしさ」を求めますか、求めませんか？　それは、なぜですか？

3　これまで日本で内閣総理大臣になった女性はいないし、またアメリカで大統領になった女性はいませんが、これについてどう思いますか？

4　日本以外の地域には、いまだに外出も教育もままならない女性たちがいますが、この状況についてどう思いますか？　その事例を調べてみましょう。

5　男女は生物学的に異なる存在であるということを認めたうえで、真の男女平等とはどのようなことだと思いますか？

【キーワード】

ヒメ・ヒコ制、女帝、三従、七去、遊女、女工

第10章　人間の対立と宗教

「対立」とは、二つが反対の立場に立ち、互いがそれぞれ主張して譲らず、とうてい理解できず張り合っていることを指す。ただ、それは乗り越えられ、互いに理解し合って和解し、関係が調和することにもなるかもしれない。しかしそうならないで、さらに敵対関係を帯びて、より「争い」になることもよくある。そして一方だけが負けていなくなったり、関係が残存しても片方だけ恨み続けることもある。一方だけで嫉《ねた》んだり怨んだりする場合、対立は何か見えないようでも争いの気持として残り続けている。そこに歴史的な深みもどうもあるようだ。

こうしたことまで思うなら、人間がいなくならず生きて関係している場合、調和にいたる方向を持たないかぎり、残念だが、何ほどかは「争い」を避けられず保持していくことになる。この「見えないような」対立から、改めて争いが発生することも少なくない。それは身近な人間関係から何かの宗教、どこかの国家といった大規模なあるいは根本的なレベルにいたるまで、対立があって争いに発展し、修復が難しくなっているケースが多々見受けられる。本章では、この「すぐには見えないようなものも含めて」対立をとらえる。

すぐには見えないものも含めて対立をとらえる際、近代ではとくに国家また宗教が問題となる。ただ本章では、その二つのうち何よりも宗教にまず踏みこんでいく。もちろん、国家はいわゆる近代以後、私たちをグループとして位置づける比較的大きな組織になっており、そこに社会的にすぐには見えなくても対立がよくある。ただ、近代的な国家とは、まずそれ自体は法や理性に基づく、また論理あるいは科学にこそ関係する、宗教から自立する中立的な組織だと考えられる。そこでは、物事の解決にはたとえば「三権分立」といった議論や決定や行動が展開する。それを追うことは、本書の課題ではない。ただ、もしも近代国家においてかかる組織も生きておらず、中立性や理性が成り立たず、調和が結局は生まれないなら、そこにはやはり宗教こそが関与しているのではないか。まずは（日本・東アジアについて）そう考えられるので、ここでは重要な枠組みとしての宗教から、対立をめぐる問題に入っていく。

一般的に見てみると、「宗教」には肯定的なイメージとして、神仏のような絶対的なものや真理を中心として、宗教者や信者が個人の安穏や世界の平和を願って祈りをささげ、敬虔《けいけん》に崇拝するという印象を持てるものもある。それを懐《いだ》いた国家は、互いにできるだけ平等に物事を交流させ助け合っているかもしれない。しかし、それに対して、「宗教」でも否定的なイメージとして、「対立」を及ぼすものといった印象を与える場合が多いし、実際に多かった。ならば、なぜ元来は平和を願う国や宗教だろうに、対立ひいては戦争の原因になってきたのだろうか。それは、人類の世界また歴史における難問となる最重要課題のひとつでもあり続けてきた。

私たち日本における人間は、実際に社会に出てみると、ビジネスをはじめとした公の場で、まず避けるのが「宗教」の話題である。「○○教ですか」「私は○○教です」とは、最初から言わない／聞かないのではないか。また話題としても、宗教がどうのこうのと発言することはあまりない。とくに公の場ではそうである。この宗教の話を控える態度というのは、日本特有の現象ではない。海外が発祥元となるビジネスの場においても、宗教の話を持ち出さないことはビジネスマナーとして発展している。海外でそうした態度が推奨されてきた理由としては、多くの個人が各々の信仰をもっているがゆえに、あえて宗教の話題を持ち出さないほうが個々人の信じる思想や信条上の違いから生じる対立をもたらさずにすむ、という発想に由来している。

明治以後、日本の場合も、海外のビジネススタイルを模倣するかたちで産業を発展させてきた。しかし、個々人が主体的に宗教をもっているか否かなど、あえて宗教の話題を持ち出さないことをマナーとして理解している日本人は少ないようである。厄介な話になりそうだから、面倒なことに巻き込まれたくないからといった感覚で、公共の場において宗教の話題が持ち出されることをタブー視し、極力避けるような態度をとっている人が大半のようでもある。ただそうだとしても、それでは宗教が無いのかというと必ずしもそうではない。そこには見えないようでも、宗教がおそらく含まれている。

では、その宗教とは何なのだろうか。これまで、「日本は宗教的に寛容な国だから、宗教対立はない」といった発言を耳にしたことはないだろうか。はたして本当に、寛容な国なのだろうか。その場合の「寛容」とはいったい何を指すのだろうか。日本においてもかつて、宗教戦争は存在したし、宗教と政治・国家は大いに関わってきたのである。

この章においてはおもに、なぜ宗教が「対立」と関係するのかについての考察を見て（一節）、日本では宗教対立がいかなるものであったのか（二〜四節）、いくつか歴史的に辿ってみる。そして最後に、宗教に関する規定として日本国憲法で保障された「信教の自由」とは何か、よくいわれる無宗教であるとはどういうことかなどについて（五節）、そして対立から歩み寄るにはどうすればよいのか（六節）、考えを深めていくことにする。

一　宗教間の対立

世界に目を向けると、日常的にも宗教的な価値観の相違を露《あら》わにしつつ、経済や領土、民族問題といった現実の葛藤をむきだしにした対立が続いている。ただ多くの宗教は、伝統的には本来、人びとの苦しみに寄り添い励ますような教えや、弱者への救済などお互いに助け合うことの重要性を説いてきており、その価値観を体現した組織や実践体系を構築してきた。とはいえ、宗教から戦いが発生することもよくある。時に、貧困や社会的差別など現在の自分たちが置かれた状況に不満を抱く人たちが、みずからの宗教を拠り所として接近して戦う場合も少なくない。では、その際に拠り所となった宗教は何なのか。

戦いをめぐり宗教を分類する時、ユダヤ教・キリスト教・イスラム教等は、もともと同じ神を根源とする唯一神をかかげた「一神教」だから争いが絶えない、これに対して、神道・仏教・道教をはじめとする多くの諸宗教は、「多神教」だから寛容だと、巷《ちまた》でよくいわれる。ただ歴史や世界によく踏み込んで見ると、宗教をめぐる「対立」は、そのような二分法で単純に特徴づけられない。見えないようでも、物事に入りこんで見ると、そこには「対立」が含まれていることはよくある。

たとえば、日本において、戦国時代以後に多く発生した一揆も、仏教の信徒たちを中心に組織された権力に「対立」する宗教的自治による抵抗運動である。現代の欧米や中東において、「神は悪に対して戦う者に味方する」「正義は自分たちにある」等と述べ、さらには「聖戦」という名のもとで「対立」をより起こすことがある。この「対立」は何なのか。解釈は簡単ではないが、大抵は友敵関係（Freund-Feind Verhaltnis）といわれる敵/味方を根拠づける考えがそこにある（C・シュミット『政治的なものの概念』）。実際、私たちでも争うときにはそんな敵を強調する考えを持つのではないか。まして、宗教が実際に物事として入ってくるとき、その教えを自分たちのために拡大解釈し、宗教を強引に巻きこみながら、敵とみなす対象への激しい憎悪をよりいっそう駆りたてる。それが各地で、いわゆる「テロ」を誘発させる事態ともなる。

では、宗教とはそもそも何なのだろうか。もちろんそれは簡単ではない。ただ元来、人間はたとえ超越者を自然・宇宙の外に考えるとしても、生きている人間はそのなかにある。西洋でもパスカルがいうように、人間は宇宙において存在する。ただその場合も、人間はすべてがわかっているわけではない。だから、そのなかで信仰を持っている。それを東洋において見てみると、その信仰をめぐる行為としての「合掌《がっしょう》」はインド起源の礼拝の仕草で、両手を合わせることにより、その対象となるものへの深い尊敬の念を表わす。それは仏教的な行為としては、仏と一体になることや仏への帰依《きえ》を示す。そこに宇宙だけでなく、仏陀がさらにとらえられている。この場合、祈りの言葉としての「南無《なむ》」も、頭を下げ敬意を示して帰依すること、仏の教えにしたがい、命をささげて信ずるといった帰命《きみょう》を意味している。

ただし、このあたりをもっと見ると、たとえば、浄土系の宗派では「南無阿弥陀仏」、日蓮系では「南無妙法蓮華経」、真言系では「南無大師遍照金剛」、禅系では「南無本師釈迦牟尼如来」など、各宗派によって「南無」＝帰依する対象があり、それが各々異なっている。それだけではない。さらに、『歎異抄《たんにしょう》』が「異」を問題にし、道元が「擬」や「外道」をとらえ、日蓮が「邪」であるべきではないと考えたように、大きくはそこに真理ともいえるものが方向・世界と結びついており、そうでないものの否定がある、といえる。ここから、さらに「対立」が生まれることもあるだろう。実際、中世までの日本の仏教は、それをめぐる戦いを持っている。

一般的にいって、そうした信者はただの孤独ではない。自分の信心がより神仏やその祖に通じるといった状況が、たいていはある。祈りは無意味なものではない。祈りは、信仰行為であり、それを通しての祈る主体者側からの神仏への働きかけである。そこにさらに、祈りの相手である神仏からの働きかけがあり、祈った者がそれを感受するといった、感応状態が見出されることもある。現代の身近な例としても、たとえばファンであり尊敬している人物の好みや考え方を自身が無意識裡に取り入れていることはないだろうか。そこに共感を覚え、同じく尊敬する者同士の存在を通して、自身のものの見方や考え方に大きな影響を受けていることもあるだろう。崇敬《すうけい》の度合いが高まるにつれ、その信奉《しんぽう》する対象の存在的な特徴や宗教的な有様が、世界や歴史を帯びてさらに意義づけがなされてとらえられることも多い。そこにまた教義が見出されもする。こうした歴史的な伝統も、祈りの感応状態、その無意識的な考え方や行動につながっている。

ただし、その見出されるものは手元の宗教での違いにもなる。各宗教が祀る対象が異なること、もしくは教義解釈の違いから、それを信じる者にも思考や価値観の相違が生じる。そこから相容《あいい》れない宗教思想をもった者同士の間に、やがて宗教的世界観の対立が生まれてしまうことになる。人類の歴史において数多くの宗教が誕生・派生し、いまだに混在している世界は、価値観の対立の火種をつねにかかえている状況から来る。解決した最後は、物事も世界も同一かもしれない。ただ、手元の歴史や場面は未解決であり、やはり対立もするわけである。宗教自身またその教義は、そこに関係してきた。

二　歴史における宗教対立

日本における最初の宗教対立は、飛鳥時代のはじめに遡る。どちらも古墳時代から続く有力な豪族であった蘇我氏と物部氏による政権争いが生じたが、その元は、蘇我氏が仏教の容認派、物部氏が非容認派として、日本に仏教の布教を許すか否かをめぐる崇仏論争の対立でもあった。蘇我氏は「仏教を礼拝すべし」と主張し、物部氏は「日本には古来より八百万の神がおり、外来の仏を容認したら国神が怒り、疫病など国難に見舞われる」として仏教信仰に反対し、議論の衝突が起こった。やがて、その息子世代にあたる蘇我馬子《そがのうまこ》と物部守屋《もののべもりや》との間の争いは、天皇の後継者問題も加わり、より激しさを増し、最終的には蘇我氏が勝利を収める。その後、蘇我氏側についていた聖徳太子の手によって仏教が徐々に広められていくことになる。以来、江戸幕府の終焉《しゅうえん》まで、神道的な祭主としての役割を担うとともに仏教擁護者の長として天皇が位置づけられ、仏教信仰が日本社会に浸透するにいたった。仏教文化の特徴のひとつとして、怨親平等《おんしんびょうどう》の思想に基づき、戦いが終わった後には敵味方の区別なく供養し慰霊するといった儀式がなされ、鎌倉時代の「元寇《げんこう》の役《えき》」の折には、外国人の敵兵に向けても慰霊が行われた。

　仏教自身についてはどうか。日本の古代後期以後、各地に仏教の寺院が建立されるようになると、広大な寺領・神領を経営する立場にある寺社はさまざまな勢力との間に紛争を抱えることになり、それへの対抗や境内の治安維持のために自衛武装するようになる。

　やがて平安時代末期には強大な武力集団となり、寺院同士の勢力争いが頻発《ひんぱつ》して、宗教的権威を背景に朝廷や摂関家に対して強訴《ごうそ》を繰り返すようになる。

　もともと一揆（強訴）とは支配する体制側に対して、集団による武力行使などを用いて抵抗の意を表明する運動のことであるが、戦国時代には、同一の宗教・思想を共有する者たちが決起《けっき》し、武力蜂起《ほうき》することによって起こした一揆が盛んになる。有名なのが、おもに近畿・北陸・三河地方を中心として、一四六六年以後にたびたび発生した本願寺教団（浄土真宗）を中心とした一向一揆である。また、それに対して法華宗（日蓮宗）が決起して弾圧したのが、一五三二年に起こった法華宗勢力による山科本願寺焼き討ち事件であった。するとその四年後に、天台宗延暦寺の僧兵集団が法華宗徒の撃滅へと乗り出し、法華一揆も弾圧されるといった大規模な大争乱（天文法華の乱）が起こった。これらは、日本で起きた代表的な宗教戦争と言えるであろう。

三　権力による宗教政策と世俗化

日本から宗教戦争が姿を消したのは、織田信長・豊臣秀吉・徳川家康における政治統制によってそれまでの宗教が保持していた権力や武力を奪い取り、政治と宗教の分離（政教分離）を早い段階で達成していたからであるともいわれている。織田信長は、商業や物流といったそれまで寺社勢力の「聖域」だった分野に割り込んで、そこに適正な課税を行う政策を試みた。一方で、仏教勢力に対抗させるためキリスト教を優遇し、宗教活動自体については禁止しなかったが、政策に反発する宗教勢力に対しては弾圧を加え、武家に権力を持たせることによる天下統一を目指した。

豊臣秀吉の代には国内のキリシタン勢力が拡大し、その結束力に脅威《きょうい》を覚えた仏教者たちと秀吉が伊勢神宮などとも関係しながら、「伴天連《バテレン》追放令」（一五八七年）を発令してキリスト教の排除に乗り出す。この政策は、変化を持ちながらも江戸幕府にも継承されることになる。江戸幕府はキリシタンに対する「禁教令」（排吉利支丹文）を一六一二年末から一三年にかけて領地に布告する。そこでは、「日本は神国、仏国にして神を尊び仏を敬ひ、仁義の道を専らにし、善悪の法を匡《ただ》す」。そこから善悪や刑罰がよく行われる「正法」「勧善懲悪の道」がある。ところが「伴天連の徒党」は、「刑人あるを見れば、すなはち欣《よろこ》び、すなはち奔《はし》り、自ら拝し自ら礼す。これを以て宗の本懐となす。邪法にあらずして何ぞや」といい、「実に神敵仏敵なり。急ぎ禁ぜずんば後世必ず国家の患ひあらん」と主張する。この言説では、いわば十字架や殉教者が脅威すべきものとして恐れられ、ひるがえって周囲の善悪がひどく強調されていることがわかる。その後の「世俗化」において、この排耶《はいや》論といわれる議論が全国へと広がり、さらに「島原の乱」（一六三七〜三八年）を経て、いわゆる鎖国へともつながっていくわけである。

敵とされたキリシタンとは違った内側の諸宗教について見ると、徳川家康は、戦国時代における本願寺教団の一向一揆的な暴徒性を目の当たりにしていたことから、本願寺を東西に二分させ（東本願寺と西本願寺）、宗教勢力の分散をはかる政策もとっている。江戸幕府は、そこにキリシタン禁令を結びつけ、キリスト像などを踏ませる「踏み絵」による取締り、さらに「宗門改」（個人ごとに所属宗旨を明らかにして寺院から報告させる制度）や、「寺請《てらうけ》制度」（民衆一人一人を特定寺院の檀家として、キリシタンでないことを檀那寺より証明させる制度で、民をいずれかの寺院に所属させた）を一六六〇年代頃には全国に確立させた。一部、それに収まらない隠れキリシタンや日蓮宗不受不施派《ふじゅふせは》などもあったが、ほとんどの宗教がその支配下に置かれることになった。

こうした状況から国内で歴史的に発生したのは、学問としての仏教や儒学や神道の個別化である。そこに、漢学の展開や国学ナショナリズムが結びつく。また祭祀をめぐっては祖先崇拝、特定の仏祖崇拝あるいは誕生をめぐっては神道が、老死をめぐっては仏教が行うといった分業化の傾向が広く発生する。それらは、文字記録さらに木版や写本とさえ結びついて一般化して広がる。ここにあるものを「国民的宗教」ととらえる歴史家もいる（尾藤正英『日本文化の歴史』）。

この明治維新に先立った制度化は、仏教や神道が受動的とはいえかなり政治と結びついて発展するわけであるから、寺院や神社の安定化があっても主体的ではない。論理としても、その宗教は超越者と強く関係するわけではない。だから、自身の拠り所となる自由意思によって物事を選択決定するといった「信教の自由」は保障されず、あまり見出されない。ただし、それでも、近世には根本的にある位置づけとしての「天」がある。それがはたして「天道」なのか、「天照」なのか、といった問題は近世史において残り続けている。そのなかで、諸々の思想や宗教は、重層的な構造において、棲《す》み分《わ》け的に役割分担を行っている。

四　幕末明治初期の国学・儒学と宗教

だが、やがて幕末になると、これらの内部で軋轢《あつれき》が生じることとなる。儒教の立場からは、天を「天照」と関係づけ、それだけでなく、神仏習合を廃して神仏分離を唱え、そこにみずからをたしかに位置づける動きもあった。だが、寺請制度のもとではそれは実際には無理であった。ところが、江戸中期からの国学の台頭により、仏教は日本古来のものではなく輸入された外来の教えにすぎないといった主張が展開され、檀家制度のもとで仏教宗派が国家の庇護のもとに優遇されている状況に対する反発意識が活発化する。これは一方では、本居宣長に見られるように神道の国学化としての自立であったが、そこに当然、儒学的な天や道徳を結びつける動きも、後期水戸学の会沢正志斎のように生まれてきた。

たしかに、江戸末期には、神道の中心化がより発展し、そこに天皇をはっきりと国家に結びつける傾向が拡大する。それが近代日本を、天皇・神道を立ち上げるとともに国内を結集させる構造にしたことはどう評価するにせよ、重要な出来事である。ただ、後期水戸学とは違って見落とせないのは、天皇・神道を認めながらも、それを絶対化せず、天と天地をはっきりととらえる儒者や学者もやはり存在している点である。そこに二宮尊徳、また横井小楠がいる。彼らは、論理的な検証性やその交流をとらえながら、それをまた天地と関係づける。

一八六七年に将軍徳川慶喜が朝廷に政権の奉還を上表し、聴き入れられるという「大政奉還」が成り立つ。また翌一八六八年（明治元）に「五箇条の誓文」が京都御所から公布される。この誓文は、天皇が神々に誓約する形をとっており、条文は「一　広ク会議ヲ興シ万機公論ニ決スベシ」からはじまり、「一　旧来ノ陋習ヲ破リ天地ノ公道ニ基クベシ、一　智識ヲ世界ニ求メ大ニ皇基ヲ振起スベシ」で終わる。現実はともあれ、互いの会議・公論が大事とされ、それが天地の公道を基礎としていたわけである。この誓文の背景には、横井小楠の弟子の存在があったともいわれる。

ただし、天皇・朝廷また宗教が、こうした会議や天地の公道を国内に広げたかというと歴史的には必ずしもそうではない。明治政府が宗教をめぐって着手したのは明治初年の太政官布告（通称「神仏分離令」）であり、また明治三年の「大教宣布《たいきょうせんぷ》」の詔の発令であった。それによって仏教施設や仏像・仏具の破壊、出家者や寺院が受けていた特権を廃止し、寺院の廃合・僧侶の神職への転向など仏教排斥の運動（廃仏毀釈《はいぶつきしゃく》）が展開され、仏教弾圧と神道への結集が行われた。しかし、どれほど神道を中心とする国家への組織化があっても、すでに定着した檀家組織を有する仏教寺院による抵抗にあって明治政府は仏教勢力を排除することはできない。また、開国以後急激に勢力を増したキリスト教への対抗策として仏教とやはり結びつく必要もあった。とくに一八八一年（明治十四）、神道大会議以後は、多くの諸宗門は教派神道を含めて宗教となり、国により関係する神道・神社は宗教の名は持たないことになった。この意味では、お寺や教会に行くのは宗教であり、神社のお祭りに行くのは宗教とはほとんど呼ばれない。こうした仕組みのもとで、日本的な神道の「無宗教」

化と諸々の「宗教」の共存がはかられるようになる。後に「国家神道」と称されるのがそれであり、国の多くの政策もその仕組みのなかで展開し、動き続ける。

五　旧憲法と新憲法における「信教の自由」

一八八九年（明治二十二）に公布された「大日本帝国憲法」において、宗教や人びとの自由はどうだったのだろうか。この憲法は、万世《ばんせい》一系を背景とした現天皇としての「朕《ちん》」が「臣民」に下す形になっている。その内部ではたしかに、文面上は「信教の自由」が明記されている。ただそこには、「法律及び臣民の義務に背かぬ限り」という留保がなされていた。しかも明治政府は先に見た無宗教化つまり「神道は宗教ではない」（神社非宗教論）という解釈に立脚していた。そこから神道・神社を他宗派の上位に置くことは憲法の「信教の自由」に矛盾しないとの公式見解が示され、その正当化と国への結集がはかられることになった。明治以後の宗教政策により、第二次世界大戦の敗戦（一九四五年）にいたるまで、多くの日本の国民はみずからの国を当たり前のように「神国」として意識していたといえる。

現代においては当然のごとくとらえられている政教分離の原則が、近代文明の普遍的原理であると認識していた戦前の日本人はおそらく少数であったと思われる。これに対して、ようやく敗戦によって国家神道が解体し、新たに日本国憲法が制定されることになった。この新憲法のもとでは、はっきりと「信教の自由」が保障され、「いかなる宗教団体も、国からの特権を受け、又は政治上の権力を行使してはならない」と規定されるにいたった。

日本における宗教事情については、よく「現代の日本人には無宗教者が多い」と指摘される。しかし、統計的にみると、日本における宗教法人の数は十八万二千近くにのぼり、約八万五千社の神社や約七万七千の寺院をはじめ、四千以上のキリスト教系の教会や、一万四千以上に及ぶその他諸宗教の関連施設など、数多くの宗教が地域社会に存在していることがわかる。それだけ多様な教義や主張などの宗教的価値観・儀礼や修行方法など宗教行為を異にする団体が実際にあるということは、同一社会内に共存しているとはいえ、お互いに首尾一貫した価値観のもとに民衆がまとまれないといった様相の裏返しでもあり、現代日本において宗教対立がなくなったわけでは決してない。

第二次世界大戦後の一九五一年に制定された「宗教法人法」は、信教の自由を尊重する目的で宗教団体に法人格を与えることを定めた法律であるが、実際にはこの法律の制定後に、多くの新宗教が乱立し、現在にまでいたっているという経緯がある。それだけ多くの宗教団体が、既存の信仰団体には満足できずに（実際の目的ははかりしれないが）、「自分たちこそ真理を追求する団体である」等といった信仰的価値をかかげて、新たな団体を作りあげ、それを日本社会が法律の下で容認してきたという、世界でもまれな特殊な歴史があることも忘れてはいけない。というのも、今後の日本社会の財政状況を考えるときに、「宗教法人」として優遇されている税制処置が、国民や社会にとって適切か否かが問われざるをえず、その適正化をめぐって対立の火種を擁《よう》していると考えられるからである。たとえ、私たち自身の身近なところでは宗教をめぐる対立は起きていないとしても、日本社会においては利権と宗教・思想が複雑に絡み合って、対立の火種がつねにくすぶっているような実態があることも、これからの時代を生きるものとして把握しておく必要がある。

六　対立から歩み寄る方向へ

これまでに見てきたように、安易に「日本は宗教的に寛容な国だから宗教対立はない」と結論づけるのは、早計すぎる。価値観が異なる人びととの共存をめぐってどのような態度で接したらよいか、「みずからが信じる対象を比較して選ぶ／選ばない」という信仰をめぐる主体的な選択のあり方、政治と宗教の関係について歴史を踏まえて考察する等といった議論が、公共空間や教育の場で十分に討議されないまま放置されてきた課題を、現在もなお引きずっている状態にある。

実際、中国をはじめとした近隣諸国から非難される靖国神社参拝をめぐる歴史認識に関する問題（第二次世界大戦に対する歴史観を公的に追認するような、戦死者を英霊として祀っている靖国神社への公人の参拝を自粛するよう戦争被害国が求めているような問題）など、歴史や思想をめぐる対立は根深く、いまだアジアの国家間でも解消されていない。それぞれの国家や社会において教えられた歴史認識、とくに負のイメージは、実際に個人同士の間柄が深まらないとなかなか払拭《ふっしょく》できないものである。国家間の問題だからといって政治に任せるという姿勢だけではなく、私たちも「歴史」に目を向け、自分も一人のこの地に生まれた者として背負っている、国や社会の「過去に起きた現実」を学び、受け止めていくという姿勢が、新たな対立を生み出さない第一歩であるといえるだろう。

また、海外のようにあからさまな宗教間における激しい対立は見られてこなかったにしても、約四半世紀前に、世界を震撼させた宗教にまつわるテロが日本で起きたことも、記憶に留めておかなければいけない。それは、麻原彰晃を開祖とする「オウム真理教」という宗教法人が起こした一連の事件である。当初は麻原によるヨーガ教室だったが、道場に信者を集め、集団生活を経て宗教団体を設立、宗教法人の取得を申請中に在家信者が死亡した事件の隠ぺいを機に、教団を離脱しようとした信者や敵対する者への襲撃・殺人を犯すようになる。その後、日本ではじめて化学兵器のサリンを製造・使用し無差別殺人を行うまでにいたり、宗教の名のもとでエスカレートし、武装化した信者によって実行された歴史上に残る組織的な宗教テロ事件を引き起こした。時代としては、バブル景気後退期とその崩壊期間にちょうど符合する。経済成長の限界と景気の変動を目の当たりにして、人びとが先行きの見えない不安定さを痛感し、若者が社会への理不尽さと不満を抱き始めた時期に起こった出来事でもあった。

意見や考え方の相違が生じた際に、個人レベルにおいても、集団レベルにおいても、自身を正当化し相手をただ非難するだけでは、対立は深まる一方である。上辺《うわべ》だけを取り繕《つくろ》うのではなく、まずは相手の主張に耳を傾けて、自身の意見も率直に述べるといったコミュニケーションを深める関係性を築くところから歩み寄ることが必要なのかもしれない。そこから、対立を暴力という戦争やテロに発展させないためにはどうしたらよいか、納得のいくかたちで互いが共存していくには何をしたらよいか、などをともに考えていくという方向性に話し合いを進めていくことが重要である。

科学が発達し、どれだけ生産性や利便性が高まろうと、私たちが歴史上で最も「争い」や「対立」の減った時代を生きているとは言いがたい。むしろ大小さまざまな争いがより複雑化して私たちを取り巻いていると言ってもよい。個人レベルから地球規模にいたるまで、解決に向けて話し合いがなされるべき社会生活上の課題が山積している現実を踏まえて、単に「対立」に巻き込まれることを回避するのではなく、反省的思考をもって問題を直視すべきであろう。過去からの歴史的な対立をも解消できるように、無益な対立を未来世代に引き延ばしさせないように、蓄積された負の側面を「引き受ける」という覚悟も大事なのではないだろうか。

戦後の日本は、国内的には平和であって対立は少ない。ただ、その仕組みの背後には戦争があった。その負の側面も反省をもって知ることは、罪を見出すことにさえなるかもしれない。ただ、悪や罪といった戦いのなかに見える事柄を消さないで認知することが、大人としての人間には必要かと思われる。現在、対立は日本の外にのみあるかのようである。しかし歴史をもってその中をとらえ、また国内外の見ようとしない／見えない部分を消さないで見るなら、そこには対立があり、今もそれは残り続けていることがわかるのではないか。それは自分とまさに関係してもいる。おそらくその理解から、対立を超えた次の世界が方向づいて見えてくるのだろう。

【討論テーマ例】

1　親子の対立、兄弟姉妹の対立、友達との対立など、周囲にはさまざまな対立があります。また、歴史上にもさまざまな対立がありました。あなたが過去に経験した対立は、何が原因だったと思いますか？

2　対立に悩んでいる人が周囲にいたら、あなたはどのように声をかけますか？

3　目には見えない対立関係にあるより、いっそ対立を乗り越えるべく腹を割って話し合うほうがいいのではないかと思ったことはありますか？　また、なぜそう思いますか？

4　信仰の異なる相手を好きになってしまったら、どうしますか？　また、その理由はどういうものですか？

5　政教分離の国家と、政治と宗教が関わりを持つ国家を比べた場合、二つの社会は何がどのように異なるのでしょうか？　例を挙げながら考えてみましょう。

【キーワード】

南無、一揆、宗教政策、信教の自由、宗教テロ、靖国問題

第11章　和のかたちと日本

一　「和」の用法と生活様式

日本では、「和」という言葉が大事な意味を持ってきた。現在でも、自分たちの営みの内実を日本的なものと考えて、「和」と称することがよくある。それは、列島内のさまざまな場面で人びとの生き方・ふるまい方をより価値のあるものとして示す言葉だったようだ。実際、「和」という言葉が重要な場面で用いられ、ときに中心的な意味を持つようになることが歴史的にあった。その際、見落とせないその内実は、本書の第10章で見た「対立」がどのように「和」に向かうか、ということである。この最後の第11章は、「和」をめぐる日本でのいくつかの代表的な有様と思える例を歴史的に少し辿ってとらえてみる。遡って意味をとらえることは、ひるがえって現在や将来における日本の「和」を考えることにもつながるに違いない。

和の意味

島国日本にはかつて「倭」と称される地域があり、「和」は中国大陸・朝鮮半島からそこに伝えられた言葉・文字である。それが自分たちの地域文化さらに政治などの内実を、みずからあらためてとらえる用語にもなった。伝来する言葉は声をもって口で言われただけでなく、漢字として金石文（一世紀頃から徐々に伝来）さらに木簡（五世紀頃に伝来）の中に記録されもする。語としての「和」「倭」もこうした交流中にある。

文字の「和」を、日本の人々は「wa」と発音した。また「和」の字にさらにいくつかの日本固有語の音（訓《くん》）――「やわら」「な－ぎ／ぐ」「に－ぎ／ぐ」など――を結びつけて発声した。表意文字としての「和」は、①優しい温和な、②調和した安らかな、③浄化してまとまる、などの意味が含まれてくる。この「和」は、戦いでも対立でもなく、また壊し捨て去ることでもない。その言葉には種々の物事が望ましいものとして結びついている。「和」を用いる者には、互いに関わり合って柔らかな調和をなすまとまりがその文字に見えてくるのだろう。

それが国を総じてあらわしもする。ただ、紀元前・弥生時代に成立しはじめた日本の王権は、漢書で「倭」と記されている。それは流通語でもあったようで、五世紀頃の列島内の諸地域の王権は「倭の五王」とも言われる。当時また六世紀頃からか「倭」は言葉として「ヤマト」とも称される。それが文字として「和」「大和」とも記されるようになった。そこには日本列島における人々の生活の姿、さらに国の有様をあらためて見出そうとする営みが含まれている。

「和」は時代を経て、次第にその王朝の人々が自分たちの文化や土地の様式や本質を自称する言葉になる。十世紀頃から、王朝周辺に発生したいわゆる日本風の文化の産物が「和歌／倭歌」「倭絵／大和絵」などと呼ばれるようになった。のちに和学といわれる仕事も生まれた。貴族たちが、自分たちの文化、生活や秩序の様式を「和」と呼んだのは、それらがただ記号としてだけでなく、意味内容においても「和」、総体として「大和」と呼ぶにふさわしいと感じたからだろう。

和と同——調和と同化

「和」という漢字を遡ってみると、それは古くからしばしば「同」と違うものと対比されている。この点も実は重要である。よく知られた『論語』では次のように述べる。

子曰く、君子は和して同ぜず、小人は同じて和せず。（子路篇）
子曰く、君子は周して比せず、小人は比して周せず。（為政篇）

前文では、和と同を比べて、それぞれ君子（徳の高い立派な人物）と小人（徳のないつまらぬ人物）を関係づける。君子は和の人で、さまざまな調和をもつが、互いに同じであろうとはしない。だが、小人は同じであろうとして和とならない、という。後文では、直接に和・同の語は用いていないが似たような考えがあり、君子には仲のよい調和があるが、小人には偏った拘《こだわ》りがある、ととらえる。

このような考え方はどうだろうか。人は実際に、他の人間と同じだと安心し、違うと不安になることもある。ただよく考えてみると、元来、人は互いに同じ人間であっても、個々としてはまったく同じではありえない。顔も心もそれぞれである。だから諺《ことわざ》にもなるが、こう述べられている。

人の心の同じからざるは、其《そ》の面《おもて》の如《ごと》し。吾れ豈《あ》にあえて子の面は吾の面の如しと謂わんや。

（『春秋左氏伝』襄公三十一年）

顔も心も同一ではなくそれぞれであり、その人と自分を同じというのは無理である。とはいえ、また同様に人であってどちらも人間である。みなまったく別で関係もせず、似もしないことにはならないだろう。それでは、「和」といえるような物事自体がもう成り立たない。そもそも物事が成り立つには関係があり、少なくとも似ている、さらには同じ人間であるという前提がある。

しかも重要なことだが、どちらも互いにただ単に使う・使われるだけの物体ではない。それぞれである。だからこそ、名前を持ち、考えや具体的な行為がそれぞれ生まれ、言葉を用いながら互いに影響し、物事を成り立たせるのである。もちろん、具体的に語ったり関わったりすることが、むしろ物事を消耗・破綻させることもある。余分な葛藤からかえって、互いに離反することもある。ただ、こうした場合、各所・各人に人間として不満が残るだろう。

そうならないためには、できればそれぞれ気持が充実していることが大事だし、信頼を持てることが前提として必要である。そしてそこからさまざまな言葉を交わしながら意見や事情を調査したり、関係において物事を贈与しながら満たしていく、そこにそれぞれが意味を持って位置づいた「和」が成り立つのだろう。以上、和そのものを少し見てみたが、次に和の祭祀とも関係する事柄を、日本を中心に歴史的に遡ってみる。

二　神霊をともなった和

天地自然・神霊の世界との関連

日本では、大事な事柄は六世紀半ば頃から文献としてまとめられはじめる。そのうち、ここでは八世紀頃までを「古代」と呼び、十五世紀頃までを「中世」と呼んでおく。

古代・中世に遡って「和」をとらえるとき、まず注意されることは、当時の人々にとって「和」が単に現在の直接的な物事だけではなく、さらなる物事、そして神々や霊魂、自然との関連さえともなって感得されていることである。簡単にいって「和」は、自分だけでないものによって位置づいている。これはいくつかすでに見た「和」の例もそうだが、他の漢文の古典でもそうである。

『書経』では「惟《こ》れ天地は万物の父母なり。惟れ人は万物における霊なり」とある。そしてまた、『中庸』では「中なる者は、天下の大本なり。和なる者は、天下の達道なり。中和を致せば、天地位し、万物育す」とある。

ここでは、そもそも天地さらに万物の中心の霊として人がいる。その人がまた、天地万物が天下にあって位をもち育つことが中和である。ここでは自然や人のハーモニーが想定され、さまざまな物が調和し（「和」）、正しく妥当している（「中」）ならば、それは元来のあるべき良いことである（「大本」「達道」）。天地・万物が位や育ちによって意味づくのだが、そこに人がまさに方向づけられている。こうした考えは、特別ではなく基礎のようだったらしい。

実際、古代の日本にも、同様の文献は受容されている。『日本書紀』神代巻や『古事記』上巻の天地初発などに、似た記述がある。ただし、日本の資料は先に見た『書経』『中庸』と同じ考えではない。日本では、その中心となる人の霊をさらに神と関係させ、そこからの神話や物語がまとめられていく。そもそも天地や霊の調和また万物の生育、そこに人間を関係させる把握は、天人相関さらに活物観といえる。これは根のように、古代の人々は当時すでに共有していただろう。だが、中国・朝鮮・日本またその内部諸地域ではそれぞれさらに意味づけを行い、それはまったく同じではなかろう。祭祀はその存在・生育の中心に関わる営みだから、地域それぞれで形成された姿を示すものと考えられる。

和と荒――アマテラスとスサノオ

日本神話（『古事記』『日本書紀』の神代）において「和」に関わる例を見るとき、印象的なのは、「和」がしばしば「荒」（すさぶ、あれる）と対比されていることである。「和」は先に調和・ハーモニーといったが、これに対して、「荒」は荒れ・粗暴あるいは騒がしい・乱すといった状態を意味する。人や物に宿る魂を、「和魂《にぎみたま》」と「荒魂《あらみたま》」という二つに分ける考えもある。この〈和—荒〉の対比は、先に述べた「和」の訓（表意文字）のニュアンスともあいまって、日本での「和」が（「同」との対比よりも）前節で述べた①～③あたりに意味の重心をおく傾向があることを示す。現代でも、人々の交わりにおいて異論を立てることをやめて全体をかき乱さないようにするときに「和を大事にする」といい、何か不祥事を起こしたときに「世間を騒がせた」といって謝罪することがある。そこにも〈和—荒〉の語感は尾を引いているように思える。

日本神話とくに『古事記』では、はじめの頃、天上の世界であるタカマガハラでは神々はアマテラスという女神（太陽神）を戴《いただ》いていた。その平和を乱し暴れる「荒」の神として最初に出てくるのが、アマテラスの弟神とされるスサノオである。スサノオは、暴風雨を神格化したとも言われる。実際、スサノオは数々の粗暴な犯罪的ふるまいをする。だが、神話の叙述で印象的なのは、アマテラスがそれに厳しく対応せず、あたかも粗暴な青年を甘やかす姉か母親のような態度をとり続けることである。ここには、「和」という態度がときに孕《はら》む、非合理な許容の側面が顔を見せるようである。これは漢学的見方（朱子学）では、理よりも気、という選択になる。

スサノオは、その犯した「罪」ゆえに諸神によってタカマガハラを追放される。だが、興味深いことに、彼は物語の次の場面では、まったく悪や不義の刻印を押されておらず、まるで何事もなかったように、地上界の国作りを担う英雄となって活躍する。そしてスサノオは、八俣の大蛇を退治してその体中から大刀を得るのだが、しかも彼はその刀を（自己を放逐《ほうちく》したはずの世界にいる）アマテラスに献上する。そしてスサノオは、放逐された受難の神であるにもかかわらず、いやむしろそれゆえに、ある力をもった神として崇拝され、神々の体系に組み入れられていく。それだけでない。『古事記』神の系譜では、いわば女神アマテラスは上から下る正統派として伊勢系になるが、土着の神々である出雲系は男神スサノオと結ばれることで併《あわ》せて同族となる。これはもちろん当時の一部の物語だった。ただ近世半ば以後、「皇国」観とともに「人はみな、産巣日神の御霊によりて、生れつるまにまに」、産霊《むすひ》によって関係すると広げられ結びつくことになる（本居宣長『古事記伝』）。

『古事記』に戻ると、スサノオが得た刀をアマテラスに献《ささ》げるというこの物語は、「和」の微妙なあり方を示唆する。そもそもアマテラスによる弟へのはっきりしない態度は、たしかに暴力に対する非合理な許容を示すようである（つまり、「和」は「義」や「理」をともなわないとき、しばしば「力」に圧倒され流されてしまうのである）。だが、その態度は、寛容と辛抱強い愛である可能性もある。たしかに、スサノオの罪や受難が自他ともにあまり記憶されていないことは、不合理で正義を欠く印象を与える。しかし、物語は、「荒ぶる」存在であったスサノオが成長するとともに、最終的には神々の中に受け入れられ、むしろ全体の「和」に資する力ある存在となったことを示す。そのアマテラスは、すべてを包容するかのようである。

スサノオは、こうして結局「和」に回収されることで懐柔《かいじゅう》されてしまい、自立を果たせなかったのかもしれない。しかし彼は、単なる粗暴をやめて抑制——つまり自律と力の発揮の仕方——を知ったのだともいえよう。いずれにせよ、ここに描かれているのは、正義や真理を先立たせないあり方での、「荒」が「和」に回帰し、さらに「和」を成り立たせていく状況的なドラマである。

部族間の和――他者の神霊への祀り

スサノオは、系譜上はアマテラスと姉弟関係とされているが、よりいっそう異なった者との間での「和」については、どうだろうか。『日本書紀』には、天上の神々の命に随順して、地上の神々がその国土を献上するという「国譲り」の話がある。すなわち、「荒ぶる」神々や国を「和」の状態にせよ（「国の荒ぶる神等を言趣《ことむ》け和せ」）、という天上のアマテラスの命を承け、タケミカヅチは地上である国土に降り立って、国土を支配していたオオクニヌシに帰順するように迫る。その後、いろいろ経緯があるが、最終的にオオクニヌシは、自分を祀るべき「所」に立派な「社《やしろ》」を立ててもらうことを要求し、それと引き換えにその支配地を献上したという。この話は、神が祀られることの、そして「神社」の起源譚になっている。

この話は、おそらく古代日本における部族相互間の争いと統合の歴史が投影されたものであり、当然、具体的には戦争があり、軍事的な征服と服従があったのだろう。だが、現代の眼から見て興味深いのは、ここに「戦ったあるいは圧迫した者を神として祀る」という儀礼が成り立つとされていることである。これはどういうことか。後に見るように、そこに仏教が結びつくのだが、ともかく古代人の心には、どんな神や霊魂であれ、何かしら畏怖すべきもの、何ほどか配慮を人に要請するものと感じられていたのだろう。ましてその霊魂にこちらから圧迫を与えた場合には、その霊魂の記憶に対していっそうの慰撫《いぶ》や供養が必要だと彼らは感じたにちがいない。「神は非礼をうけ賜わず」という広く流布した諺があるが、神霊は尊重すべきで、軽視したり圧迫するなら「祟《たた》る」（影響を現出する）ものだ、と人々はとらえていたようだ。

行われる神への敬意・配慮としての祀りは、「償《つぐな》い」の意味だけではない。神・霊魂への配慮や世話は、それらを癒し、育てるものである（「供養」はもともと霊魂を養うという意味をもつ）。その霊魂への供養によって、その神の力は、時には、プラスのかたちで配慮者を加護するものとなる。神道や道教で（暴威をふるう）「祟り神」が同時に「守り神」にもなっているのは、そのためである。

古代の人々にとって、何らかの他者との「和」は、そこに宿る神・霊魂との「和」であり、その意味は物質的のみならず精神的な世界にまで重層している。「和」は、その現在を越えながらも現在に作用する背景において、償いや贈与の連鎖の広がりのうちに生成しているのである。この古代人において、神々あるいは他者と自己との間の「和」は、関係する互酬・交換の重層（蓄積）と連鎖のうちに成り立ってくる。だが、この応対する祭祀は、自然に決まったものではない。それでも、その形態が意味を持って広がることもある。

未定からの拡大を示すのが、崇神天皇（これは神を尊ぶという意味の名である）のときの物話である。崇神の代、疫病などさまざまな災害が起こって止まなかった。崇神は「こんなに災害が起こるとは思わなかった。自分の政治が良くないので神祇《じんぎ》から咎《とが》められているのだろうか」と考えて、沐浴潔《もくよくけっ》斎《さい》すなわち身を浄化して神々からの神託を乞うたところ、オオモノヌシという土着神が現れ、「我を敬い祭らば、きっと平和になるだろう」という。そこで、このオオモノヌシを始め、国中の神々を鄭重《ていちょう》に祀り、数々の社を定めた。そうすると、疫病が止み、国内が静かになり、五穀の生産も盛んになって民が豊になった、という（『日本書紀』）。この崇神のときの神社祭祀を、「天神地祇の社」（『古事記』）、「倭大国魂神を祭る……天社・国社および地祇・神戸」（『日本書紀』）と記す。歴史的には、伊勢神宮や各地方のさまざまな神祇崇拝の制度がはじまったといわれる。

この営みは、記紀では、「国」「倭大国」やその「社」「祭」「神祇」である。本居宣長の『古事記伝』では、これは最終的には皇国の産霊ということになる。

行事・制度化とこれに解消されないもの

元来の歴史記述をみると、従来から人びと、とくに天皇は、神の祀りをはからう伝統がある。ただ、それも完全ではなく、やがて世界の調和がとれなくなる。それに対して、天皇はさらに特定の祀りを加え、いわば制度化をいっそう拡大し、そのことで効果を得る。とはいえ、崇神が災害の発生について「思いの外だ」と言っているように、まわりの世界はそもそも完全に決まってはおらず、（何が起こるかわからない）不確定をはっきりと関係の中に持つ。そこにまずあきらかに、かつての「和」が破壊された状況がある。これに対して崇神は畏怖と敬虔さをもって潔斎し、何か意味を聴こうとする。聴く対象として霊魂をもった人格（つまり他者）が想定されるが、それが誰なのかも崇神は最初わかってはいない。しかし結局、神の「名」が見出され、祀りの要求が与えられる。そこで崇神は神の祀り（祭祀）という行事とその制度化に、ある解決を見出したわけである。

しかし、その制度が完全であって、それですべて済むのかというと、そうではない。その前線の彼方において、あるいは彼の世界の根底においては、不確定さや複雑さは決して解消されておらず、したがって崇神たち祀る者の畏怖や敬虔の感覚は依然として無くなりはしない。だから、記録では、その後もいろんな状況で祟り――つまり和の破壊――がおこり、それに応じて、神が顕れ、新たな解釈と祀りの制度化が行われ続ける。つまり、祭祀が具体的に作られていくのである。

三　仏法と浄化

前節で「行事」「制度化」と称した物事として、さらに無視できず、いまでは誰もが知っている重要な事柄は、仏法と僧尼がさらに関係することである。先に天神地祇また供養・浄化などといいまた神社祭祀といったが、こうした営みは、狭義の神社祭祀だけで済むものではない。そこに仏法があり、僧侶等がいてこれをさらに可能にする。『日本書紀』に記述があるが、そこでは「和」がまた「古事記的なもの」とは違った意味づけをもつ。この点をよく示すのが「憲法十七条」である。

憲法十七条の和

「憲法十七条」（六〇四年）は、推古天皇（在位五九二―六二八）の摂政であった聖徳太子（厩戸《うまやど》皇子、？―六二二）によるとされる。当時の仕える豪族たちの意識をいわば官人として、相互にまた天皇に協調するような役目をもつものになすべく「法」をあらわそうとする（憲法）。その「法《のり》」のもと、個々の利害で抗争するのではなく、天に仕えるべき地の人たれ、と述べるわけである。詳しく検討する余裕はないので、最初の三条のみ書き下す。

一に曰く、和を以て貴《たふと》しとし、忤《さか》ふること無きを宗《むね》とせよ。人皆党《たむら》有り。亦達《またさと》る者少し。是を以て、或いは君父に順《したが》はず。また隣里に違《たが》ふ。然れども、上和《やはら》ぎ下睦《むつ》びて、事を論《あげつら》ふに諧《かな》ふときは、事理自《おの》づからに通《かよ》ふ。何事か成らざらむ。

二に曰く、篤《あつ》く三宝《さんぼう》を敬《うやま》へ。三宝とは仏・法・僧なり。則ち四生《よつのうまれ》の終帰、万国の極宗なり。何《いづれ》の世、何の人か、是《こ》の法《のり》を貴《たふと》ばざらむ。人、尤《はなはだ》悪しきもの鮮《すくな》し。能く教ふるをもて従《したが》ふ。其れ三宝に帰せずんば、何を以てか枉《まが》れるを直《ただ》さむ。

三に曰く、詔《みことのり》を承《うけたまは》りては必ず謹《つつし》め。君をば天とす。臣《やつこら》をば地とす。天は覆《おほ》ひ地は載《の》す。四時順ひ行ひて、万気通《かよ》うこと得。地、天を覆《おほ》はむとするときは、壊《やぶ》るることを致さむ。是を以て、君言《のたま》ふことをば臣承《うけたまは》る。上行《おこな》ふときは下靡《しなび》く。故《かれ》、詔を承りては必ず慎《つつし》む。謹まずは自《おの》づからに敗《やぶ》れなむ。

第一条の最初に、「和」を重んじるべきことが強調される。この語句は、『礼記』の「礼は和を以て貴しとす」（儒行篇）、または『論語』の「礼の用は和を貴しと為す……和を知つて和すれども、礼を以て之れを節せざれば、亦た行ふ可からざる也」（学而篇）に拠ったものである。ただし、『礼記』や『論語』は、和を礼の働きとすぐに結びつけようとする。対して、「憲法十七条」では、次の第四条で「群卿百寮、礼を以て本とせよ」と述べはじめるが、仏法を掲げるこの三つの条目が先立っている。この和を強調する第一条は、いわば対話する議論・論理であり、「達《さと》り」のもと、上下の思いやりにより、物事を「論《あげつろ》」うなら、そこに「事理が通る」だろう、という。そうならない動きとして、党派性や「違《たが》い」を指摘する。

その「違い」ではない「論」「達」「事理」の成立を可能にするのが、第二条の「篤く三宝を敬へ」である。仏・法・僧の三宝があらゆる生き物の根本でありあらゆる場所の根柢である、といい、その畏敬をまた「法」だとする。その「法」にこそいわば根本的な規範が見出され、仏教が論理の基礎になっている。

では、法の敬いで終わるのかといえばそうではない。第三条は、天皇の側からの命令性を帯びた言葉（詔）をそこに関連づけ、それを天より地に通うものだ、とする。この天地観、君臣観に基づく言葉とそれへの謹《つつし》みこそが、さらなる治安なのだ、と語る。ここでは、秩序を天地との感応においてとらえ、「天地」「万気」からの働きだからこそ秩序破壊は慎《つつし》む（「謹」「慎」）べきだという論理がある。ここには傲慢《ごうまん》（ヒュプリス）を神からの処罰と感じた古代人のような感覚がある。

このことは、「憲法十七条」が作られた三年後の「神祇崇拝の詔」と併せるといっそう明らかになる。この詔では、推古は、「今朕《ちん》が世に当りて、神祇を祭祀《まつ》ること、豈に怠ること有るらむや。故、群臣、為《ため》に心を竭《つく》して、神祇を拝《いや》びまつるべし」〔いま私の代で、どうして神祇祭祀を怠ることができようか。だから皆も心を尽くして神祇を崇拝してくれ〕と述べている。神祇の祭祀と神祇への拝礼は、憲法十七条の論理を背後から支えているわけである。

この「憲法」は、最初の三箇条ではあまり見出せなかったが、多くの条項の基底になにか未解決の欲動をとらえさえしている。仏法から来るあり方や論理は、その欲動を変えさせるものだが、それだけでは心がおさまらず、さらに天地また神祇崇拝に向かう気持ちの浄化がそこに結びついている。その意味では、「憲法」は仏法の今後の広がりまた地平化を示し、そこに神仏の習合を祭祀として示す。しかし、その背後に神道の中心における浄化された全体化がある。それはやがて、伊勢神宮とくに内宮に見える神道的な祭祀を示すかに思える。この習合と浄化、そこでの媒介としての仏法による論理――それが歴史を成すようである。

神の現れと変容の制度化

未定なものから神が現れ、それが「和」を成り立たせるべく、行事としての制度化をより人間に求める。この古代の出来事には、すでに名が判《わか》っている神が、いわば定期的に現れて祀りを受け、和や豊穣を再生するといった儀礼的なものもある。また、祀りを人が「怠る」のを咎めてまた現れるという場合や、その逆に思いもかけない贈与をして現れるものもある。あるいは、新たな出来事においてまったく新たな神が現出する場合もある。そうした記録は数多いが、八世紀後半から十世紀にかけての記録で顕著なのは、一般に「怨霊」に対する感受性が高まってその制度化が行われた点である。当時、度重なる政変の中で非運のうちに生命を失う皇族・豪族が続出したが、人々は天災や疫病流行などを、彼らの怨みの記憶によるものと考え、彼らを「御霊神《ごりょうじん》」としてまつり、「御《ご》霊会《りょうえ》」と呼ばれる祭事を行った。現在も行われる京都の祇園祭は、そこから発展したものである。

人びとはこうした「祀り」の制度化によって、世界に和解がもたらされると感じ、そこに安らう。だが、かといってその祭祀の外部（他者＝何らかの不定の神や霊魂）に対する畏怖・敬虔の感覚と想像力が失われるわけではなかった。とくに、貴族たちは、繁栄すればするほど、むしろ搾《しぼ》りとったのではないかと、何か後ろめたく神経質にさえなった。そこに密教化した仏教や陰陽道《おんみょうどう》が「こうすればよい」という日常生活にわたる事細かなタブーを含んだ対処の技法を提案して、彼らを顧客にした。優美な貴族たちの世界は、反面、細かなタブーをともなった不安の上に成立している。仏法はそこに世界を示すものでもあった。

平安期半ば以後、貴族たちのきれい好きで敏感な「雅び」に対して、武士や庶民たちは「荒々しい仕事を引き受けながら、彼らなりの地平を広げていった。その人たちは、殺傷に向かうだけに、一般に祀りや弔いには熱心であった。そこで仏法は、より大事なものとして、選ばれもする。多くの武家「家訓」の最初には、「神仏を敬うこと」が掲げられている。「和」は、現在を成り立たせる元来の負債や贈与の発見でもあり、その限界はより当面の現在を超えた世界や存在者へと広がってもいた。

怨親平等

古代以来、征服部族や戦い相手の神霊を祀る習俗があったが、この習慣は、中世には仏教と結びついて拡大した。戦乱期には敵方の亡霊はとくに畏怖され、「怨災」をなだめるために寺や塔が建てられた。中世仏教には、「怨親平等《おんしんびょうどう》」思想（憎らしい存在も身近な存在も仏教の境地からは結局平等だとする）があり、敵方の死者も供養する伝統があった。時宗総本山の遊行寺《ゆぎょうじ》では、室町期の戦いの後、人びとを治療するとともに、敵味方の別なく供養する「敵味方供養塔」が建てられた。

これは対立をさらに乗り越える和解の気持が人びとに、また僧侶たちにあったことを示す。ただし、戦国期になると、権力を持つ武家またキリシタン大名は、寺院の焼き討ちや仏像の破壊を行うこともあった。興味深いことは、この統一権力以来、人間的能力に対する強い確信が生じ、自己の所属集団の支配者を神として祀る習慣が祖先崇拝となって展開してきたことである。それとともに、古代以来の、敵でさえ祀るという幅広い外部の霊魂に対する配慮の習慣が次第に減退してくる。それだけではない。近世社会の「世俗化」では、宗門改制度に明らかなように、統合を高めるために、キリシタンという厭《いと》うべき「敵」と、味方にすべき「縁者」とがあえて確認され続けもした。ここでは、当面の自己や帰属集団以外の他者は排除され、敵は祀られるどころか、自己の祀りと社会統合のためのスケープゴート（身代わり、生け贄《にえ》）あるいは悪魔として位置づけられるともいえる。

四　近世以後の社会統合と和

新井白石における和と祭祀

ただし、それで済むわけではない。新井白石は、礼楽（漢籍による祭祀）を重視した人物だが、当代に危機を感じて、「祭祀考」で次のように論じている。

天人はもと一気であって相感じ相応じるものだ。人の気が和さないと天地の気もまた和さない。民を使うときによい時を選ばなければ、その怨みの気に反応して天地の気も調和しない。天地の気を和するか否かは人民の気が和するかどうかにかかっている。それだから古代の先王は、礼楽をつくって民を教化し鬼神を祭ってその助けを求めるのだ。……礼も楽も、ただ先王が人を教化するための道具であるだけでなく、それによって天地の位を定め陰陽の気を和するものである。（現代語訳）

白石の考えでは、「天地の位を定め陰陽の気を和する」には、人民の「怨みの気」のみならず、

「鬼神」の扱いについても配慮する必要があった。「鬼神」とは、その背景にある朱子学では、生きた人のたましいのうち、死んで「地」に下った魄は「鬼」、天に昇った魂は「神」と称される（『朱子語類』巻三）。ただし、それらに位置づけられない「鬼神」もある。これについて白石の「祭祀考」は、さらに、現在「天主教《てんしゅ》」（キリスト教）の殺された死者が祀られないまま「二十余万人」あり、その「冤《えん》」（無実の罪の怨み）が解消されないままであり、それが世に災いをもたらしているともいい、注意を喚起している。それら死者の祀りのためにも、礼楽をつくるべきだ、と彼はいう。

白石はまた、このキリシタンの扱いに最大の形でみられる〈死んだ敵を祀らない〉習慣が、戦乱末期の統一者である織田信長からはじまって現在に至っている、と指摘する。その習慣のため、現在の世の背後に怨恨が蓄積され、世の「和」を成り立たせない原因になっている、と問題視する。ただし、この白石の考えが一般化したわけではない。実際に近世は、キリシタンをはじめとして排除する論理の方が祖先供養の強調とともに強くなっていく。それは近世に強く流れる宗教的な同化政策ともつながる。

同ではない和の強調

同化論でないのなら、それはどのような考えだろうか。さきに和と同の違いを見たが、そもそも中国の春秋戦国時代には、「和」と「同」を対比する議論がある。『国語』では、「和であってこそ物が豊かに生じ継承される。同であれば物が生まれず尽きてしまう」と述べている（「鄭語」）。また『春秋左氏伝』（第3章二節参照）では、「和と同は異なる。和は肉や野菜を煮込んだシチューのようなもので、さまざまなものが混じり合ってよい味になり、食べて気持ちが平和になる。だが同は、水に水を加えたようなもので、どうしてよい味になろうか」という（「昭公二十年」）。ここには、異なるものを排除する「同」ではなく、むしろそれを取り入れる「和」こそが調和であり、良いものが成り立つ、といった考えがある。

荻生徂徠の和・同論

この『国語』や『春秋左氏伝』の考えを、近世になってふたたび強調したのが、荻生徂徠である。彼は、一様な人は天地の間に誰もいない――だから上の人にまったく違わず合わせた分身のような人はむしろ忠義を騙《かた》った大悪人だ、「和」が大事なのもこのためだ、人の才能にはさまざまな長所があるのだから、その特殊性をさまざまに配合してこそよい政治ができる。もし「同」であれば、みな上に合わせて何も言わなくなる。それは、甘い味噌に砂糖・蜜・飴を混ぜるようなものだ、と述べている（『政談』）。徂徠は、他の箇所でもたびたび、人びとが上位や周囲の人に「合わせる」習慣、また上の人間がそれを要求する習慣が蔓延《まんえん》していることに、衰世の徴《しるし》を見て、強く警告している。彼の考えでは、かかる強引な同一化は、実はあり得ないことを強制しているのだから、結局人々に不満と停滞、互いの隔絶をもたらす。それは、天地の調和にも反し、『易』でいうと「天地否の卦」になるのであった。

荻生徂徠がこの発言をしたのは、武士の専制権力が成立し、都市化と商業も拡大しはじめた十七世紀後期・十八世紀初期のことである。国初にあった聖徳太子がおそらく想定しなかった「同化の危険」を、徂徠は中国古代の文献に基づきながらあらためて察知し、漢籍から「和」の再興を批判的にはかったのだといえる。

五　近代における和と祭祀

戦時における国家論と和

近代日本では、近世までは広がっていた「天地」「天下」観が後退するとともに、もっぱら国家に結集する祭祀が形成されたと指摘されている（子安宣邦『国家と祭祀』）。これを追うことも課題だが、本章では、人々の生活上の具体的な行事の面、そこでの和と祭祀を詳しく見ておきたい。ただ、その側面においても国家が内部の「和」を享受《きょうじゅ》し、謳《うた》いあげることはあった。その最も端的な例として、昭和前期の国家論における「和」の強調がある。日中戦争が全面化した一九三七年、文部省刊行の『国体の本義』は、日本の国を特徴づけるものが「和の精神」であると、次のように述べる。

我が国の和は、理性から出発し、互いに独立した平等な個人の機械的な協調ではなく、全体の中に分を以て存在し、この分に応ずる行を通じてよく一体を保つところの大和である。……我が国の和は、各自その特質を発揮し、葛藤と切磋琢磨を通じてよく一に帰するところの大和である。特性あり、葛藤あるによつて、この和は益々偉大となり、その内容は豊富となる。（『国体の本義』第一、四「和と「まこと」」）

和が理ではないとするこの叙述は、単に集団の有機的な調和についての美的記述として見ればそれだけのことである。しかし、これが軍国主義への没入に併せて説かれたことはあまりに大きな皮肉である。ここでは何よりも、「我が国」（天皇を中心とする「一大家族国家」）とそれへの「帰一」が説かれている。この「我が国」は、もちろん真に寛《ゆる》やかな「和」の状態にあったのではない。小集団および個々人に対して自由と個体性を保証したのではなく、それらを「和」の名のもとに内部に閉じ込め、それらに中心に向かうべく〈自発の強制〉を行っている。その動員による力の集積を、内外の他者への抑圧や侵略にふりむけた状態――そこでの言葉である。

この国家中心の「和」の内容は、自由主義・個人主義および「天皇機関説」（国家の統治権は天皇にあるのではなく、法人である国家に属し、天皇はそれを行使する最高機関であるとする学説）に対する一九三五年以来の反対運動（国体明徴運動）の結果として作られた教説であった。その「我が国」は、天地のない「帰一」「全体」の「大和」である。その国体が、自由と理性を排除して帰一する絶対的中心であるなら、その「和」は他者への敵対心とともに隠微で圧倒的な威力にさえなるのではないか。

当時、国をめぐっては、さらに「神の国」を称する人として、神道家がおり、キリスト者の賀川《かがわ》豊彦、岩下壮一たちがいた。キリスト教の側から、賀川は「神の国運動」を展開する（一九二九〜三四年）。また、岩下は当時、理性的な思考を強調するとともに、「神の国」を説き、それに関係する「神と人との交渉の具体としての祭祀」こそ大事だと説く（『公教要理解説』）。これらも「和のかたち」と見るならば、近代の運動はただ否定的な姿ばかりではなかった。

新しい「和」と和解に向けて

神道家たちは、戦後になってどのように考えたのか。戦争体験から登場した国学者の発言として、柳田国男『先祖の話』（一九四六年）がよく知られている。柳田はそこで「先祖を追慕する各家庭の」先祖祭が重要だと説く。また、折口信夫は体験をより深くとらえたようである。折口は、太平洋戦争で養嗣子の春洋《はるみ》が硫黄島《いおうとう》で玉砕《ぎょくさい》したことを知り、戦後になってその墓を建てる。そして、神道は本当の意味での産霊《むすひ》（第5章参照）をもつべきで、天皇以上の超越神、また「神の国」を畏敬すべきだと説く（「民族史観における他界観念」など）。

元来の「和」は、天人相関・活物としての調和を見出す言葉である。「国体」や「神の国」もそれにつながるべきではないか。私たちは天地における人である。戦前の国体はそれを見失ったが、キリスト者の一部や国学者の折口信夫たちはそれをあらためて見出したといえるだろう。

近代以後、人間は経済力を持つとともに国家・社会の統合を高め、個々の論理が科学的に進展した。ただそれだけでなく、他者や物事は祀られざる物体、あるいは共感すべからざる敵にさえなった。そこで「和」は、本当に成り立っているのか。その天地を失った人間は、たとえその能力や科学技術を発達させ、情報をもって地球化（グローバル化）するとしても、欲望と結びついていないのか。だとすれば、その地平（認識能力や経験の及ぶ範囲の限界）の無さをこそ反省すべきではないか。

本章で見えてきたように、日本では、「和」は大きな視野を持って位置づくより、個々の関係の場でとらえられる傾向が強かった。ただ、「和」は価値内容の自他間の互酬的やりとりでありながら、天地をもとにした分配や慈愛、その地平・位置によってこそ成り立つ調和である。だが、日本では視野を狭め、個々の事柄だけになりかねない。近代化においては、第三者的な評価の視点を形成することが必要だが、日本ではそれが少なく、上位の人の温情に委ねられる面が強かった。これは「和」の流されやすさ、「同」化傾向という問題にほかならない。

それを乗り越えるためには、近代史においては天地の権威のもとでの「三権分立」（立法・行政・司法）の形成が重要といわれる（第6・10章参照）。ただ、それは抽象的なものではなく、天賦《てんぷ》のもとで、足下の物事を可能にする生活上での対話や議論からの思考と反省を含んだ実践である。それは、近世にあった環境のもとでの講・組合などの再発見とも考えられる。「和」はよい仕事と産業のもとでの仕組みに結びついているのだろう。

今世紀前後から、農業を重んじた新渡戸《にとべ》稲造《いなぞう》の地方学《じかたがく》が再注目され、日本列島に営まれる里山《さとやま》の仕事が見出されている。元来の日本の祭祀は、山川や海辺の村落で生活とともに実際にあったのだろう。現在の地球化の情報・流通においても、物事は祭祀を根柢とする具体的な人の営みからこそ始まる。人間は、情愛とともに正義を、自然の理法のもとに勘案していく。そのためにまず、メディアの情報だけでなく、身近な土地や水・木・空・光・闇・火を見てみよう。そして動植鉱物、さらに環境における人間とその位置づいた仕事を見出すことが望まれる。そもそも私たちは、どのような境遇にあってもそれぞれ意義をもって、個々の関係さらに天地において位置づいている。誰もがそうである。それならば、困難があっても私たちは感情と思考を和解させ、それぞれの土地から自分たちの意味を形成し、互いの調和を地球上に向けて働かせることができるにちがいない。

【討論テーマ例】

1　「怨親平等」（憎らしい存在も身近な存在も仏教の境地からは結局平等だとする）についてどう思いますか？

2　スケープゴート（民衆の不平や憎悪を他にそらすための身代わりの存在）についてどう思いますか？

3　不要な対立を避けるために、また、和を実現させるために、あなたはどのようなことに気を配っていますか？

4　誰もが生きる意味をもつ、と考えられますか？　それはどんな場所・場面においてですか？

おわりに　今後への方法

ここでは、本書の内容をまた個々に追うのではなく、本書でどんなことが見えてきたのか――大体の形態を振り返ってみる。物事のあり方を詳細に検討するのではなく、いわば黄昏《たそがれ》の梟《ふくろう》のように遡ってとらえ、それを総じて再考することを試みる（「ミネルヴァのフクロウは迫り来る黄昏に飛び立つ」という言葉がヘーゲル『法の哲学』にあり、夜行性のフクロウが一日の終わりである黄昏時から活動するように、過去を振り返る反省的な認知のこと）。そのことはまた手元への振り返り＝反省でもあり、現在や将来に向かう考えにもなる。「今後への」と称したのは、そのことである。

本書は「はじめに」で述べたように、関心をもつ日本の祭祀を、人々の生活と結びついた慣習や伝統行事とした。むろん近代では祭祀が国家や宣伝力と結びつくこともあり、それをとらえることも行われる（村上重良『天皇の祭祀』、子安宣邦『国家と祭祀』など）。それも大事な課題だが、本書は近代の国家や経済力に結びつくそれ以前の地方《ちかた》の流れを見出したい（新渡戸稲造「地方《ちかた》の研究」参照。新渡戸は都会化ではなく、田舎といわれる地元の農業や仕事こそが大事とする。地方学《ちかたがく》とも称され、これに共感した柳田国男の影響により、郷土会や民俗学なども発生した）。たとえば、その低層からのものとして谷川健一『日本の神々』もあるのだから（第5章参照）。

知ろうとする生活と結びついた祭祀の行事は、たとえば四季を帯びた農業や仕事の流れ、人間の身体の誕生や成長、枯れ老いて死ぬ人生の流れ、あるいは特別の地位や命令を担う、より選ばれた仕事において、種々にそれぞれ意味を帯びて形成されている。それをめぐり本書の各章は現在から遡って、まず古代に向かい、そこから中世・近世また近代へと祭祀をめぐる展開をとらえる。それは原形的な物事からのさらなる展開、諸々の思想宗教との言語をも含む歴史的な関係形成でもある。

祭祀には元来、畏《かしこ》きカミに向かう人の気持・心があり、その行為がさらに言葉となり、名前ある神を祀り、お祭りをする場所にもなる。ただ注意すべきは、そこには行為と心・気持が必ずあっても、言葉は必ずしも無かったり、すぐには見出せない事実である。だから言葉とつながる名称やさらに考えは、しばしば後に記録されている（第1章「カミさらに神とは」）。この事情から、祭祀については、言語解釈を求めて進めるより、まずは行事としての物事にこそ向かう必要がある。わからないものとしての祀りから、かたちある祭りが作られ広がっていく（第2章「祭りと祀る」）。このことは考古学では明らかだが、古代史また神道に向かえばよりそうであろう。この前言語的な営みの場合、その歴史的な状態を見るだけでなく、それがどんな世界・物事に関係する営みなのか、その場所と空間を知ることがより大事でもある。

文化人類学者のレヴィ＝ストロースには、『野生の思考』という著書がある。人間は言葉がなくとも何かをどこかで感じ、考えて仕事を営んでいる。そこにあるのが人びと、さらに石であり木であり、山また空や水であるなら、そこに思考がないことはあり得ない。またその物事が人にとって何らかの意味や価値を帯びているなら、それを巡って関係や位置が見出されるようになり、決まった出入り（人的交流や経済的な支出・収入など）が生まれ、そこに何ほどか期待や願いが懐かれ、その応答が考えられる。それがやがて空間の区切りになり、敷居や鳥居にもなり、また言葉の記録、さらに語りや伝承、歌や物語、さらに論理の結びつきにもなる。

それが、第三章「心と言葉」とその後のコラム「メタファー」に示される。祭祀からさらに神話、物語、儀礼、さらに政治など、さまざまな展開があるのだが、そこにイメージやメタファー、類比や隠喩など、象徴的なものが結びついている。これは、哲学者のカッシーラーが『シンボル形式の哲学』で、また三木清が『構想力の論理』であらわす物も、同様の運動である。本書の各章も先に触れたように、祭祀と結びついた陰陽道・道教・仏教・儒教などの形成であり、それはまた神道なるものの自己意識・再把握でもある。これは伝統行事の「浄化」に向けた場所の構成、種々の象徴の展開史だとみることもできる。

いま「浄化」といったが、祭祀はその逆ともいえる「痛み」や「疫病」の癒しにも元来より関わっていた。崇神天皇や光明皇后のことは本書でも何度か触れている。そうした奥行きは、密教や陰陽道にも関係して、さらに役割分担が行われ、習合していった。それはまた、伊勢神宮の浄化と連関しているのかもしれない（第4章「習合と信ずる軌跡」）。

祭祀は、関係や対応を持ちながら習合的に形成されており、その形態は一様ではなく、ある地域に中心があってもさまざまに発生する。ただ、記紀に見えるような日本を扱う傾向が皇居や伊勢に関係して、奈良時代頃からはあったのだろう。そこに「神国」観があり、それが蒙古やキリシタンなどへの危機観とも関係して、戦国期・近世によりあらわれたことは確かだろう。とはいえ、祭祀は大陸や朝鮮半島、沖縄にも見出せるし、重要な焦点として、沖ノ島などを見ることも大事である。

ただ、その語りや象徴の動きは、どんな影響をもって言語化されたり伝承を帯びさせるにせよ、十九世紀までは「天と地と人」（第5章）の枠組みを生活する世界観として位置づき、展開していたことは指摘できよう。それは人間に道徳性を持たせること、また死と生の循環・結びつきにもなっている（第6章「道徳と人間」、第7章「死と生とは何か」）。その世界のもと、近世では互いに助け合う「絆《きずな》」は、いくつかの「講」が富士などの信仰とも結びつき、生活上の組合の運動となって広がる。また集団参宮する「おかげまいり」「ええじゃないか」も決められた制度を乗りこえて何度も起こった（第8章「絆をめぐって」）。仕事においても、近世前期とくに農商業や町人においては、武家と違って女性の地位がまだ重要であった（第9章「女性とジェンダー」）。本書では扱えなかったいくつもの民衆宗教がそこに関わっている。その枠組みを越えた宗教の現象を見出すことも大事である。

維新後の「近代」ではどうだったか。そもそも戦国期まで、いくつかの宗教間対立があったが、怨親平等の考えや供養が戦いの後に行われた。近世には権力による世俗化があって多くの宗教はその下に位置づけられる。だが、それでも第8章で見た富士講のような活動や、幕末から明治初期にかけて儒学やいくつもの宗教が動き、近代初期の「五箇条の誓文」では「広く会議を興し」「天地の公道に基づく」べきことが誓願になっている。しかし、「大日本帝国憲法」下では人びとは朕のもとでの臣民として統一される。それは自由とはいえない（第10章「人間の対立と宗教」）。

この統一された帝国では、天地や天賦人権の元来の枠組みが消され、近世期に武家男性的であった一部の支配が、国全体へと広げられた。そのタテ社会的な国家に向け、社会的組織の自立が禁止され、制度としての三権分立が実は不十分で、また選挙権も部分的であった。民衆や女性たちは力強く活動したのだが、この社会性や制度化を変えること自体はできなかった。このあたりは、第5・6・8・9各章後半の指摘に見える。私たちもそれを振り返る必要がある——そこに「絶たれた絆の再生」というテーマがまさにあるのだから。

社会的組織の自立性が成り立たなかったという戦前の帝国は、論理を欠いて自他ともに悲劇的な戦争に突入することになった。日本でよく用いられる言葉としての「和」は、元来は天地における祭りや治世がさまざまなものとの調和を目指すことを描き出すもので、一体化と戦いをはかる「同」とは違う。その考えは戦った相手への供養にもなっていた。それは私たちの仕事が環境とともにあることでもある。地方学や民俗学、また里山の再発見が戦後にも行われている（第11章「和のかたちと日本」）。この元来の和と供養、また上記の近代史的テーマは、戦後になって十分考えられただろうか。

現代を、戦後の冷戦期が終わって、徐々に交通や情報がインターネットとともに国を越えて動きだす時期——二十世紀末から今まで——ととらえると、私たち日本にどんな課題があるだろうか。

国を越えた動きをグローバル化（地球化）といい、手元の生活を保つ動きをローカル化（地域化）というなら、二〇一〇年代の原発事故や津波被害、都市化の問題、さらに二〇二〇年に発生した新型コロナウイルス感染症は、人間の営みがただグローバル化すればいいわけではない、足下のローカルな生活を十分に成り立たせよ、といった方向・あり方を教えている。

この地球化と地域化その両方がともになって（グローバル＋ローカル＝グローカル）、人びとを息づかせること、それが今後の課題なのだろう。十九世紀までは天地人、天人相関の考えが基礎になっていた。それをあらためて知ること・担うことが今まさに大事である。本書の第10章の最後では「負の側面をも反省をもって知ること」を説く。また第8章は「改めて、身近な関係やその意味を見出すこと、よい人やよい物事を発見し、そこにあるよい価値に実際に出会うこと、それが大事」と物語っている。私たちは地球化のなかで、身近な地域のもとで「意味を見出すこと」ができる。そこに方向性があるにちがいない。

関連年表

＊傍線を付した事項は、時代の替わり目を示した。また、本書で言及した事項については、↓の後に章数を丸数字で示した。なお、改暦が施行された一八七三年（明治六）以前の年代については、日本人名の生没年なども年号を基準にして西暦に換算した。

年代	事項
前一万年頃	縄文文化時代はじまる↓⑤
前五五一年	孔子生（～前四七九年）：儒家の祖で、その思想は『論語』に記される
前五世紀	釈迦生（～前四世紀）
前三七二年	孟子生（～前二八九年）：性善説に根拠を置き、仁義礼智の徳の発揮を重視
前二世紀頃	弥生文化時代はじまる↓⑤
前一世紀頃	大乗仏教がインドで起こる
二～三世紀	邪馬台国の興亡、卑弥呼が親魏倭王の称号を得る（二三九年）↓⑨
三世紀中頃	崇神天皇の統治期か？↓⑤⑨
四～五世紀	大和政権の統一進む
四～十世紀	宗像・沖ノ島祭祀が行われる↓②

五三八年	百済より仏教伝わる（五二二年という説もある）↓①
六　世　紀	崇仏論争、物部氏と蘇我氏が対立↓⑩
五七四年	聖徳太子生（～六二二年）：冠位十二階（六〇三年）と憲法十七条（六〇四年）制定↓⑥⑪
六四五年	大化の改新
六六八年	行基生（～七四九年）↓②
七〇一年	大宝律令完成
七一〇年	平城京へ遷都
七一二年	太安万侶撰『古事記』完成
七一七年	行基の活動が禁じられる↓②
七二〇年	舎人親王ら撰『日本書紀』奏上
七二九年	『風土記』編纂開始（～七四九年）
七四一年	国分寺・国分尼寺建立の詔↓②
七五七年	養老律令施行↓②
七六六年	最澄生（～八二二年）：『山家学生式《さんけがくしょうしき》』提出（八一八年）↓②
七七四年	空海生（～八三五年）：『三教指帰《さんごうしいき》』を著す（七九七年）
七九四年	平安京へ遷都
八〇四年	最澄と空海が唐に留学する
八二二年	景戒『日本霊異記』成立↓②
八四五年	菅原道真生（～九〇三年）：大宰府に左遷される（九〇一年）↓①②

十世紀頃	本地垂迹説が説かれる↓①④
九〇五年	『古今集』成立↓③
九二七年	藤原忠平撰進『延喜式』完成（九六七年施行）↓⑨
九八五年	源信が『往生要集』を著す
一〇〇四年	紫式部『源氏物語』成立
十二世紀頃	両部神道系諸派が生まれ、伊勢神道が形成されていく（〜鎌倉時代）↓①④
一一三〇年	朱熹生（〜一二〇〇年）：朱子と敬称され、その学は朱子学といわれ、江戸時代の儒学に多大な影響を与える↓③
一一三三年	法然生（〜一二一二年）：『選択《せんちゃく》本願念仏集』を著述する（一一九八年）↓⑨
一一七三年	親鸞生（〜一二六二年）：『教行信証』を著す（一二二四年）
一一九二年	源頼朝が征夷大将軍となる
一二〇〇年	道元生（〜五三年）：『正法眼蔵』を著す（一二五〇年）
一二〇三年	運慶ら東大寺南大門金剛力士像をつくる↓⑤
一二〇五年	『新古今和歌集』成立
一二二二年	日蓮生（〜八二年）
一二三二年	貞永式目制定
一二七四年	文永の役
一二八一年	弘安の役
一三二六年	今川了俊生（〜一四二〇年）：『今川状』を著す（一四一二年）↓⑥

一三三三年	鎌倉幕府、滅亡
一三三六年	室町幕府開始。南北朝分裂
一三三九年	北畠親房が『神皇正統記』を著す↓⑤⑥
一三五〇年	斯波義将生（〜一四一〇年）：『竹馬抄』を著す（一三八三年）↓⑥
一三六八年	軍記物語『太平記』が成立（〜七五年）↓⑥
一三九二年	南北朝合一
一四〇二年	一条兼良生（〜八一年）：『樵談治要』（一四八〇年）、『小夜のねざめ』（一四七九年頃）を著す↓⑥
一四三五年	吉田兼倶生（〜一五一一年）：吉田神道を創始し、『唯一神道名法要集』を著す↓①④⑥
一四六六年	この頃、一向一揆が頻繁に発生する
一四七二年	王守仁生（〜一五二八年）：陽明と号し、朱子学の形骸化を克服するため、陽明学を提唱する↓③
一五〇〇年	『七十一番職人歌合』成立か？↓⑨
一五三二年	法華宗勢力による山科本願寺焼き討ち事件↓⑩
一五三六年	天文法華の乱↓⑩
一五四九年	ザビエル、キリスト教を伝える↓①⑧
一五六一年	藤原惺窩生（〜一六一九年）：近世儒学の祖となる↓③
一五七三年	織田信長が室町幕府を滅ぼす
一五八三年	林羅山生（〜一六五七年）：『心学五倫書』を著す（一六〇〇〜一九年頃）↓③⑤⑦

一五八五年　豊臣秀吉が関白となる↓①
一五八七年　伴天連追放令が出る↓⑩
一五九二年　文禄の役
一五九六年　慶長の役
一六〇三年　徳川家康が江戸に幕府を開く↓①
一六〇八年　中江藤樹生（〜四八年）：日本の陽明学派の祖となる↓⑥⑦
一六一五年　度会延佳生（〜九〇年）：伊勢神道の復興につとめる↓③④
一六一九年　山崎闇斎生（〜八二年）：儒学者、垂加神道を唱える↓①③④
一六一九年　熊沢蕃山生（〜九一年）：中江藤樹に陽明学を学ぶ↓③
一六一六年　吉川惟足生（〜九四年）：神道家、吉川神道を唱える↓①④⑤
一六二二年　山鹿素行生（〜八五年）：儒学者・兵学者↓⑥
一六二三年　ブレーズ・パスカル生（〜六二年）：『パンセ』を著す（一六七〇年刊行）↓⑦
一六二八年　伊藤仁斎生（〜一七〇五年）：儒学者、古義学を提唱↓③④⑥
一六三〇年　貝原益軒生（〜一七一四年）：儒学者・教育家・本草学者、『和俗童子訓』を著す（一七一〇年）↓⑨
一六三七年　島原の乱（〜三八年）↓⑩
一六四〇年　宗門改役設置。その後に制度化し、寺請制度の確立（一八七三年）
一六四三年　天海没（?〜）：山王一実神道を提唱し、隆盛する↓②
一六五七年　新井白石生（〜一七二五年）：儒学者・政治家↓⑪

一六六四年　貝原好古生（～一七〇〇年）：叔父益軒の養子となり、『日本歳時記』を著す（一六八八年）↓⑤
一六六六年　荻生徂徠生（～一七二八年）：儒学者、古文辞学を提唱↓③④⑥⑪
一六八五年　石田梅岩生（～一七四四年）：思想家、石門心学の祖↓⑥
一七〇三年　赤穂義士、討ち入り↓⑥
一七一八年　慈雲生（～一八〇四年）：真言宗の僧↓⑥
一七二四年　イマヌエル・カント生（～一八〇四年）：『純粋理性批判』を著す（一七八一年）↓⑥
一七三〇年　本居宣長生（～一八〇一年）：国学者、『古事記伝』を著す（一七九八年完成）↓①③④⑤⑦
一七七二年　佐藤一斎生（～一八五九年）：昌平坂学問所教授、『言志四録』を著す（一八五三年）↓③
一七八二年　会沢正志斎生（～一八六三年）：後期水戸学を代表する儒学者、『新論』を著す（一八二五年）↓⑥⑩
一七九〇年　朱子学が官学となる
一八〇九年　横井小楠生（～六九年）：儒学者・政治家、後に開国論者となる↓⑥
一八三〇年　吉田松陰生（～五九年）：幕末の志士、長州藩士↓⑥
一八三二年　中村正直生（～九一年）：『西国立志編』を翻訳刊行（一八七〇～七一年）↓①
一八三五年　福沢諭吉生（～一九〇一年）：『学問のすゝめ』を著す（一八七二～七六年）↓①⑥⑧
一八六七年　夏目漱石生（～一九一六年）：英文学者、小説家↓③⑥／大衆乱舞の民衆運動「ええじゃないか」発生（～六八年）↓⑧
一八六八年　明治維新。太政官布告、神仏分離令、五箇条の御誓文↓⑩

一八七〇年	大教宣布
一八七三年	津田左右吉生（～一九六一年）：歴史学者・思想史家↓①
一八七五年	柳田国男生（～一九六二年）：民俗学者↓②
一八八四年	秩父事件↓⑧
一八八六年	記録に残る日本初のストライキ「甲府の製糸女工のストライキ」発生↓⑨
一八八七年	折口信夫生（～一九五三年）：国文学者・民俗学者・歌人、『古代研究』を著す（一九二九～三〇年）↓①
一八八九年	大日本帝国憲法発布↓⑩／和辻哲郎生（～一九六〇年）：倫理学者、『日本倫理思想史』を著す（一九五二年）↓①
一八九〇年	明治天皇が「教育に関する勅語」を発布↓⑥
一八九一年	井上哲次郎が『勅語衍義《えんぎ》』を出版
一八九四年	日清戦争（～九五年）
一九〇一年	田中正造が足尾銅山の鉱毒被害を明治天皇に直訴↓⑧
一九〇四年	日露戦争（～〇五年）
一九一一年	『青鞜』発行（～一六年）↓⑨
一九一四年	第一次世界大戦（～一八年）
一九三九年	第二次世界大戦（～四五年）
一九四七年	教育基本法成立（二〇〇六年改正公布）
一九五一年	宗教法人法成立（二〇一一年改正）↓⑩

参考文献

＊本書の執筆にあたって参考にした文献と、さらに知識を深めるための書籍等を挙げた。また、引用・参照した古典のテキストについても、各章の※以下で示した。なお、辞書・事典類は省略したほか、文献の情報は初出の場合のみとし、再出の場合は省略した。

はじめに

柳田国男『日本の祭』一九四三年（『柳田國男全集』第十三巻、ちくま文庫、一九九〇年）

※『古事記』（『日本思想大系 古事記』岩波書店）

第1章

石田一良『カミと日本文化』ぺりかん社、一九八三年

伊藤聡『神道とは何か――神と仏の日本史』中公新書、二〇一二年

上田正昭『古代の日本と東アジアの新研究』藤原書店、二〇一五年

折口信夫「霊魂の話」一九二九年（『折口信夫全集』第三巻、中央公論社、一九九五年）

岡田莊司・小林宣彦編『日本神道史 増補新版』吉川弘文館、二〇二一年

苅部直・黒住真他編『岩波講座 日本の思想 第八巻 聖なるものへ』岩波書店、二〇一四年

國學院大學日本文化研究所編『祭祀空間・儀礼空間』雄山閣出版、一九九九年

小松和彦「魔と妖怪」（『日本民族文化大系4 神と仏――民俗宗教の諸相』小学館、一九八三年）

サミュエル・スマイルズ著、中村正直訳『西国立志編』（一八七一年）講談社学術文庫、一九八一年
津田左右吉『日本の神道』一九四九年（『津田左右吉全集』第九巻、岩波書店、一九六四年）
西田長男「贖罪の文学――神道神学の試み」（『日本神道史研究』一・総論編、講談社、一九七八年）
西田長男・三橋健『神々の原影』平河出版社、一九八三年
福沢諭吉『学問のすゝめ』（一八七二年）岩波文庫、一九四二年
水野正好『島国の原像』角川書店、一九九〇年
和辻哲郎『日本倫理思想史』全四巻、岩波文庫、二〇一一～一二年
※本居宣長『古事記伝』（『本居宣長全集』第九巻、筑摩書房）／『法華経』（全三巻、岩波文庫）／『古事記』／『日本書紀』（『日本古典文学大系 日本書紀』上下、岩波書店）

第2章

伊藤聡他『日本史小百科 神道』東京堂出版、二〇〇二年
家永三郎『日本文化史 第二版』岩波新書、一九八二年
井上光貞『井上光貞著作集』第六巻、岩波書店、一九八五年
上原雅文『最澄再考』ぺりかん社、二〇〇四年
大森惠子『念仏芸能と御霊信仰』名著出版、一九九四年
岡田荘司『大嘗祭と古代の祭祀』吉川弘文館、二〇一九年
小倉慈司・山口輝臣『天皇の歴史9 天皇と宗教』講談社学術文庫、二〇一八年
鎌田東二監修『すぐわかる日本の神々』東京美術、二〇〇五年
黒住真「日本近世の死生観――国学の死生空間と魂の行くえ」（『複数性の日本思想』ぺりかん社、二〇〇六年）

柴田實編『御霊信仰』雄山閣出版、一九八四年
谷川健一『隠された物部王国「日本」』情報センター出版局、二〇〇八年
中村恭子『霊威の世界――日本霊異記』筑摩書房、一九六七年
西宮秀紀『伊勢神宮と斎宮』岩波書店、二〇一九年
堀一郎『堀一郎著作集』第四巻・遊幸思想と神社神道、未來社、一九六一年
宮家準『民族宗教と日本社会』東京大学出版会、二〇〇二年
山田康弘『縄文人の死生観』角川ソフィア文庫、二〇一八年
※「神祇令」「僧尼令」(『日本思想大系　律令』岩波書店)／『日本霊異記』(『新編日本古典文学全集　日本霊異記』小学館)

第3章
小島毅『朱子学と陽明学』ちくま学芸文庫、二〇一三年
佐藤康邦『近代哲学の人間像』放送大学教育振興会、二〇一二年
田尻祐一郎『こころはどう捉えられてきたか』平凡社新書、二〇一六年
夏目漱石『こころ』(一九一四年)岩波文庫、一九八九年
松本曜編『認知意味論』大修館書店、二〇〇三年
※『古今和歌集』(『新日本古典文学大系　古今和歌集』岩波書店)／『般若心経』(『般若心経』岩波文庫)／『千載和歌集』(『新日本古典文学大系　千載和歌集』岩波書店)／『書経』(『新釈漢文大系　書経』上下、明治書院)／『易経』(上下、岩波文庫)／『太極図説』(『太極図説・通説・西銘・正蒙』岩波文庫)／『心学五倫書』(『日本思想大系　藤原惺窩・林羅山』岩波書店)

第4章
石田一良『カミと日本文化』ぺりかん社、一九八三年

伊藤聡『神道とは何か――神と仏の日本史』中公新書、二〇一二年
宮家準『民族宗教と日本社会』東京大学出版会、一九九四年
※『神道五部書』（『神道大系 論説編 伊勢神道（上）』）／吉田兼倶『唯一神道名法要集』（『日本思想大系 中世神道論』岩波書店）／林羅山『本朝神社考』（国立国会図書館デジタルコレクション）／林羅山『神道伝授』（『日本思想大系 近世神道論・前期国学』岩波書店）／度会延佳『陽復記』（『日本思想大系 近世神道論・前期国学』）／伊藤仁斎『童子問』（岩波文庫）／荻生徂徠『弁道』（『日本思想大系 荻生徂徠』岩波書店）／荻生徂徠『徂来先生答問書』（『荻生徂徠全集』第一巻、みすず書房）

第5章

石田哲弥『道祖神信仰史の研究』名著出版、二〇〇二年
大林太良『東アジア王権神話――日本・朝鮮・琉球』弘文堂、一九八四年
苅部直・黒住真他編『岩波講座 日本の思想 第四巻 自然と人為』岩波書店、二〇一三年
神田千里「中近世日本の在来宗教とキリスト教」（深沢克己編『ユーラシア諸宗教の関係史論』勉誠出版、二〇一〇年）
谷川健一『日本の神々』岩波書店、一九九九年
速水侑『観音・地蔵・不動』講談社現代新書、一九九六年
福沢諭吉『学問のすゝめ』
柳田国男『山宮考』一九四七年（『柳田國男全集』第十四巻、ちくま文庫、一九九〇年）
※『古事記』／『古事記伝』／『心学五倫書』／貝原好古『日本歳時記』（国立国会図書館デジタルコレクション）／北畠親房『神皇正統記』（岩波文庫）

第6章
筧泰彦『中世武家家訓の研究』風間書房、一九六七年
イマニュエル・カント『道徳形而上学の基礎づけ』宇都宮芳明訳注、以文社、一九八九年
「教育勅語」一八九〇年（『日本近代思想大系　教育の体系』岩波書店、一九九〇年）
小島毅『朱子学と陽明学』
高橋敏『江戸の教育力』ちくま新書、二〇〇七年
夏目漱石『こころ』
三上一夫『横井小楠――その思想と行動』吉川弘文館、一九九九年
和辻哲郎『日本倫理思想史』
※「憲法十七条」（『日本思想大系　聖徳太子集』岩波書店）／「貞永式目」（『日本思想大系　中世政治社会思想（上）』岩波書店）／横井小楠『国是三論』（『日本思想大系　渡辺崋山・高野長英・佐久間象山・横井小楠・橋本左内』岩波書店）／慈雲『十善法語』（小金丸泰仙校注、大法輪閣）

第7章
ヘルマン・オームス『祖先崇拝のシンボリズム』弘文堂、一九八七年
金沢英之『宣長と『三大考』――近世日本の神話的世界像』笠間書院、二〇〇五年
島園進、竹内整一編『死生学1――死生学とは何か』東京大学出版会、二〇〇六年
竹倉史人『輪廻転生――〈私〉をつなぐ生まれ変わりの物語』講談社、二〇一五年
ブレーズ・パスカル『パンセ』上下、塩川徹也訳、岩波文庫、二〇一五年
細見博志編『死から生を考える――新「死生学入門」金沢大学講義集』北國新聞社、二〇一六年
山田康弘『縄文人の死生観』角川ソフィア文庫、二〇一八年
※『古事記』／マテオ・リッチ（利瑪竇）『天主実義』（柴田篤訳注、平凡社東洋文庫）／『法華経』／『心学五倫書』／本居宣長『古事記伝』／平田

篤胤『霊の真柱』（岩波文庫）／中江藤樹『孝経啓蒙』（『日本思想大系 中江藤樹』岩波書店）

第8章

赤坂憲雄「流離する王の物語――貴種流離譚の原風景をもとめて」（『岩波講座 天皇と王権を考える第九巻 生活世界とフォークロア』岩波書店、二〇〇三年）
浅香幸雄「大山信仰登山集落形成の基盤」（圭室文雄編『大山信仰』雄山閣、一九九二年）
岩科小一郎『富士講の歴史』名著出版、一九八三年
加藤弘之『人権新説』一八八二年（『明治文学全集 明治啓蒙思想集』筑摩書房、一九六二年）
櫻井徳太郎『講集団成立過程の研究』吉川弘文館、一九六二年
鈴鹿千代乃『神道民俗芸能の源流』国書刊行会、一九八六年
田上善夫「地方霊場の開創とその巡拝路について」（『富山大学教育学部紀要』二〇〇四年）
成沢栄寿他『部落史の研究 前近代篇』部落問題研究所、一九七八年
西海賢二『武州御嶽山信仰史の研究』名著出版、一九八三年
西垣晴次『ええじゃないか――民衆運動の系譜』新人物往来社、一九七三年
原道生「「身替り」劇をめぐっての試論」（『古典にみる日本人の生と死――いのちへの旅』笠間書院、二〇一三年）
福沢諭吉『学問のすゝめ』
福田恵子「日野市域における近世後期の信仰」（『思想史研究』一六号、二〇一二年）
福田恵子「近世における山への信仰」（『思想史研究』一九号、二〇一四年）
藤谷俊雄『「おかげまいり」と「ええじゃないか」』岩波新書、一九六八年
藤谷俊雄「近世「おかげまいり」考」（『神道信仰と民衆・天皇制』法律文化社、一九八〇年）
前田卓『巡礼の社会学』ミネルヴァ書房、一九七一

年
宮田登『すくいの神とお富士さん』吉川弘文館、二〇〇六年
横田冬彦「近世の身分制」（『岩波講座 日本歴史 第十巻 近世1』岩波書店、二〇一四年）
和辻哲郎『埋もれた日本』（『和辻哲郎全集』第十三巻、岩波書店、一九六二年）
和辻哲郎『歌舞伎と操り浄瑠璃』一九五五年（『和辻哲郎全集』第十六巻、岩波書店、一九六三年）
※『日野仲宿念仏講』（日野市史編さん委員会『日野市史 通史編二（下）近世編二』）／『指田日記』（武蔵村山市立歴史民族資料館編『注解指田日記』上下巻、武蔵村山市教育委員会）／『石川日記』（八王子市郷土資料館編『石川日記』五・六、八王子市教育委員会）／『古事記』／『日本書紀』／『風土記』（『風土記』上下、角川ソフィア文庫）／『阿弥陀の胸割』（『新日本古典文学大系 古浄瑠璃・説教集』岩波書店）

第9章

網野善彦『日本の歴史をよみなおす（全）』ちくま学芸文庫、二〇〇五年
石牟礼道子「高群全集に思う」（『石牟礼道子全集』第十七巻、藤原書店、二〇一二年）
伊東聖子・河野信子『女と男の時空Ⅱ おんなとおとこの誕生――古代から中世へ』藤原書店、一九九六年）
伊藤野枝「貞操に就いての雑感」一九一五年（『定本伊藤野枝全集』第二巻、學藝書林、二〇〇〇年）
苅部直・黒住真他編『岩波講座 日本の思想 第五巻 身と心』二〇一三年
川内教彰「『血盆教』受容の思想的背景をめぐって」（『佛教大学仏教学部論集』一〇〇号、二〇一六年）
佐々木宏幹『憑霊とシャーマン』東京大学出版会、一九八三年
高群逸枝『母系制の研究』（一九三八年）講談社文

庫、一九七九年
平塚らいてう「元始女性は太陽であった」一九一一年（『平塚らいてう評論集』岩波文庫、一九八七年）
福田惠子「女性の連帯」（『思想史研究』二三号、二〇一七年）
保立道久『中世の愛と従属』平凡社、一九九六年
柳田国男「巫女考」一九一三年（『柳田國男全集』第十一巻）
柳田国男『妹の力』一九四二年（『柳田國男全集』第十一巻、一九九〇年）
丸谷仁美「利根川下流域の女人講――観音巡行・巡拝習俗を中心に」（『日本民俗学』二〇六号、一九九六年）
脇田晴子編『母性を問う（上）』人文書院、一九八五年
※『魏志倭人伝』（『新訂 魏志倭人伝・後漢書倭伝・宋書倭国伝・隋書倭国伝』岩波文庫）／貝原益軒『和俗童子訓』『養生訓』（『養生訓・和俗童子訓』岩波文庫）

第10章
今谷明『天文法華の乱――武装する町衆』平凡社、一九八九年
黒住真「日本における一神教・多神教」（『福音と世界』六九巻三号、新教出版社、二〇一四年）
C・シュミット『政治的なるものの概念』田中浩、原田武雄訳、未來社、一九七〇年
尾藤正英『日本文化の歴史』岩波新書、二〇〇〇年
降幡賢一『オウム法廷1――グルのしもべたち 上』朝日文庫、一九九八年
保坂俊司『国家と宗教』光文社、二〇〇六年

第11章
折口信夫「民族史観における他界観念」一九五二年（『折口信夫全集』第二十巻、一九九六年）
文部省編『国体の本義』（一九三七年）国立国会図書館デジタルコレクション

柳田国男『先祖の話』一九四六年（『柳田國男全集』第十三巻）
※『論語』（岩波文庫）／『春秋左氏伝』（全三巻、岩波文庫）／『中庸』（『大学・中庸』岩波文庫）／『古事記』／本居宣長『古事記伝』／『日本書紀』／「憲法十七条」／新井白石「祭祀考」（『新井白石全集』第六巻、国書刊行会）／『国語』（上下、新釈漢文大系、明治書院）／荻生徂徠『政談』（『日本思想大系 荻生徂徠』）

おわりに

エルンスト・カッシラー『シンボル形式の哲学』全四巻、生松敬三・木田元訳、岩波文庫、一九九四年
子安宣邦『国家と祭祀』青土社、二〇〇四年
谷川健一『日本の神々』
新渡戸稲造「地方の研究」一九〇七年（『新渡戸稲造全集』第五巻、教文館、一九七〇年）
三木清『構想力の論理』一九三九年（『三木清全集』第八巻、岩波書店、一九八五年）
村上重良『天皇の祭祀』岩波新書、一九七七年
クロード・レヴィ＝ストロース『野生の思考』大橋保夫訳、みすず書房、一九七六年

あとがき――未来に向けて

本書のあとがきを記しているこの時期、新型コロナウィルス感染症（COVID-19）に明け暮れた二〇二〇年が終わろうとしている。世界を一変させてしまう感染症の恐ろしさをたがいに身をもって体験した一年だった。そして今もなお、人びとは先が見えない不安に翻弄されている。この感染症の影響で職を失った人が七万人を超え（厚生労働省調査）、本年の日本の自殺者数は十月までに一万七千人を超え、特に女性が多いという（警察庁）。このようなコロナ禍にあって、人びとは何を学んでいるのだろうか。その後の世界はどのように変わっていくのだろうか。

祇園祭は、そもそも疫神を鎮めるための祭りだった。天神祭は、失脚した菅原道真を慰撫するとともに疫病などの災害を鎮めるための祭りだった。前近代の人びとは、疫病退散を願って神を祭った。疫病の蔓延という状況は、人の側の神の領域への侵犯、祭りの欠如などに対する神の怒りによると実感され、ひたすら祭ったといわれる。人びとは神を畏敬しており、現れ出た状況の原因はむしろ傲慢な己れ自身にあると思っていたのだろう。

一方、現代人はこの苦境をしのがなければならないと技術の発達には必死である。ただ原因はあまり考えない。ウイルスに対峙するための応対とワクチン開発には余念がないが、このウイルスがなぜ発生し拡大してしまったのかに対する自分自身とその営みへの反省は少ない。たしかにこの苦境をしのがなければならない。だが、グローバル化によってたとえ便利であっても手元の生活や環境は空白になり壊れてはいなかっただろうか。その負の側面に目を向け、経済最優先の姿勢をもっと考え直す必要があるのではないか。オリンピックも元来は、経済や宣伝のためのものではない。そして、何よりも現代人は人間第一で、見えないもの、自然に対する畏敬の念が希薄で傲慢でさえあることを反省すべきではないか。たしかに前近代の人びとは、迷信も持ったかもしれないが、人間を取り巻く自然に何かを感じ畏敬の念を抱き、謙虚にそこに向き合っていたに違いない。

技術の発展が人間を変えてしまったのか、現代人は、人間中心の現世利益的な世界観の中に生きているようだ。生きとし生けるものは、すべて人間のためにあるかのように振舞って使用している。犯してはいけないような自然に入り込み動植物をむさぼった結果、反転のように感染症と生活の縮小に見舞われたともいえる。今一度、この人間中心の世界観を改め、天地が調和して生きる世界に目を向ける時と状況がまさに今後なのではないか。

多くの人びとにこのテキストを読んでいただき、豊かな日本の祭祀の心にふれていただきたい。過去に生きた人々の世界観にふれ、今一度過去に学ぶべきは学ぶ姿勢をもってほしい。過去を要らないものとして終わらせるのではなく、過去に息づく大切なものやことを受け取って、今、未来に向けて生かそうと考えてほしい。

本書は、数年前の研修期間中に大学の演習で知り合った山本栄美子さん(現在、東京大学大学院人文社会系研究科死生学・応用倫理センター研究員）、さらに黒住真先生に声をかけたことから具体化が始まった。「日本に受け継がれてきた精神文化について、若い世代に伝えられるテキストを作成したい。現在あるテキストは専門的で一般の学生には難しい。どうしたらよいか」と先生に相談したところ、大事なテーマだからと快く話を聞いてくださり、もともと私が授業のために用意していた文章に加えて、いくつかの新たなトピックをみずから執筆され、他の文章についても全体的に増補訂正してくださった。また、第7章と10章は当初、山本栄美子さんに執筆いただいたが、その後に黒住先生と福田で加筆するなどして、大幅に文章をあらためた。テキストの内容と全体の構成については、私たちがすべての責任とかたちを担うが、本書はこうした関係と助け合いによって成り立っていることを明記しておきたい。このことを心より感謝するとともに、手にとった方が、それぞれ意味を受け止め実際に活かしてくださることをまた願っている。

二〇二〇年十二月

福田恵子

索　引

人名・神仏名

事項・書名等

ア行

カ行

著者略歴

黒住 真（くろずみ まこと）

1950年岡山県生まれ。東京大学大学院博士課程満期退学。博士（学術）。東京大学教養学部教授等を経て、現在は東京大学名誉教授。思想史・比較思想専攻。主著は『近世日本社会と儒教』『複数性の日本思想』（ぺりかん社）、『文化形成史と日本』（東京大学出版会）。

福田 惠子（ふくだ けいこ）

1957年東京都生まれ。東京外国語大学大学院博士前期課程修了。拓殖大学留学生別科等を経て、現在は拓殖大学国際学部教授。日本文化・日本語学専攻。

装丁——鈴木 衛

日本《にほん》の祭祀《さいし》とその心《こころ》を知《し》る
日本文化事始

2021年12月20日　初版第1刷発行

著　者　黒住 真
　　　　福田 惠子

発行者　廣嶋 武人

発行所　株式会社 ぺりかん社
〒113-0033　東京都文京区本郷1-28-36
TEL 03(3814)8515
http://www.perikansha.co.jp/

印刷・製本　閏月社＋創栄図書印刷

Printed in Japan

ISBN 978-4-8315-1604-6